냉이꽃 내 아버지

Copyright ©2025, 최인숙

냉이꽃 내 아버지

최인숙 수녀 지음

W미디어

감사의 말

당신께 나의
모든 것을 드립니다

"기도 안에서 사랑에 충만한 삶을 고통받는 이들과 함께 사는 수도자!" 이는 수도 생활을 시작하며 지은 나만의 표어이다. 나는 내 삶이 누군가에게 도움이 되기를 늘 기도했다. 또한 "오늘날 교회가 할 일 가운데 상처를 치유하고 믿는 이들의 마음을 따뜻하게 하는 것이 가장 필요하다" 하시면서 "교회는 전투가 끝난 뒤의 야전병원"이라고 하신 프란치스코 교황님의 말씀처럼 내가 잘할 수 있는 '글쓰기'를 통해 상처를 치유하고 따뜻한 위로를 전하고 싶었다.

아버지께서 세상을 떠나신 지 어느덧 12년이 되었다. 세월이 지나도 여전히 내 안에는 아버지의 목소리와 손길이 선명히 남아 있음을 종종 깨닫는다. 수도자가 개인적인 글을 써도 될까? 망설였지만, 수도자로 살아온 30년의 날들이 아버지께 받은 사랑의 흔적

위에 놓여 있다는 사실을 알게 되니, 그 사랑을 글로 남기고 싶어졌다. 그러던 어느 날, 꿈속에서 들려온 "써라, 그래야 산다"라는 속삭임은 내게 더 이상 미룰 수 없다는 내면의 소명을 일깨워주었다. 그렇게 시작된 이 책은 단순한 회상이 아니라 내 삶의 뿌리를 돌아보며 다시 걸어가는 여정이었고, 말로는 다 전하지 못했던 내 마음을 글을 통해 세상과 나누려는 자전적 치유의 작업이었다.

이 책은 수녀이자 딸로서, 말기 암 선고를 받으신 아버지를 간병하고 배웅한 여정을 담고 있다. 그 여정은 아름다운 순간만으로 채워지지는 않았다. 초고령사회로 접어들면서 부모님을 돌보는 일이 어느새 우리 삶의 자연스러운 한 부분이 되어가고 있지만, 돌봄은 결코 쉬운 일이 아니다. 아버지와의 마지막 시간을 함께 걸으며 사랑과 고통, 희망과 두려움이 얽힌 복잡한 감정들을 경험했다. 때로는 지치고 초조했으며, 마음 깊숙이 감춰두었던 미안함과 후회가 불쑥 올라오기도 했다. 그럼에도 부끄러운 고백을 하는 이유는 이 책이 사랑하는 이를 돌보며 마음속 깊은 곳까지 흔들리는 모든 이들에게 작은 위로와 치유가 되기를 바라기 때문이다.

사랑하는 사람의 마지막 길을 준비하는 이들, 또는 지금 누군가를 돌보고 있는 이들에게 이 작은 책이 다정한 벗처럼 다가가기를 소망한다. 또한 거창하게 효도는 아닐지라도 아버지 어머니가 살아 계실 때 표현할 수 있는 작은 사랑을 주저하지 않고 건네는 용기를 품을 수 있기를 기도한다.

부모님은 늘 우리 곁에 살아 있을 것 같지만, 사실 그렇지가 않다. 그래서 이 책은, 지금도 아버지를 그리워하는 모든 딸과 아들들의 마음에 닿기를 바라는 편지이기도 하다. 부모님을 두고 고정순 그림책 작가는 "당신은 내가 노력하지 않고 얻은 유일한 행운"이라고 했다. 나에게는 부모님뿐 아니라 우리 가족들 모두가 노력하지 않고 얻은 행운이며 축복이다. 특별히, 부모들의 내면 성장을 돕는 부모 교육 강사로서 두 권의 책을 출간하며 묵묵히 자기 길을 걷고 있는 나의 친동생에게 고마운 마음을 전하고 싶다. 동생의 여정은, 나 또한 내 책을 세상에 내놓을 수 있도록 이끌어준 조용한 마중물이 되었다.

나의 하느님과 수도공동체에 감사드리고 싶다. 2025년 올해로 한국 진출 100주년을 맞는 툿찡포교베네딕도수녀회 서울수녀원 공동체로 부르심을 받은 것은 큰 섭리이고 은총이었다. 부족하기만 했던 나를 믿어주신 초기양성과정 지원기, 청원기, 수련기 때의 양성수녀님들께 깊이 머리 숙여 감사드린다.

책 속에 등장하는 아이들 이름은 모두 가명이며, 그들의 삶과 이야기를 보호하기 위함임을 미리 밝힌다. 또한 지금은 은평성모병원이 된 성바오로병원 호스피스병동에 아버지께서 잠시 머물렀을 때, 아버지와 나를 정겹게 그려주신 목석애 봉사자님께 감사드린다. 끝으로, 출판이라는 낯설고 떨리는 여정에 따뜻한 동행이 되어주신 W미디어 편집자들에게 감사드린다. 첫걸음을 내딛는 나를 격려하며 기다려주신 덕분에 기꺼이 내 마음을 활자에 담을 수 있었다. 모든 것이 꽃처럼 피어나기를 기도하며, 이 책이 누군가에게 작은 위로와 길이 되기를 소망한다.

냉이꽃 피던 봄날을 품고 녹음 짙은 6월에
딸로서 수도자로서 최인숙 수녀

차례

감사의 말　당신께 나의 모든 것을 드립니다 • 4
프롤로그　냉이꽃으로 피어난 아버지 • 12

1부　세상에서 가장 고귀한 사람

아버지와의 여행 • 20
가족사진 • 28
마지막 선물 • 36
오직 한 사람을 위하여 • 41
건조한 영혼 • 48
불면의 밤 • 52
효녀가 되고 싶어서 • 55
말은 언제나 마음보다 • 60
마음의 오지 • 64
수녀의 외도 • 67
아버지의 발 • 71
세상이 잠든 동안 • 75

2부 **내 속에 이렇게 많은 울음과 눈물이**

빛을 향해 가세요 • 80
천사들이여, 마주 오소서 • 88
아버지의 유산 • 94
그리움을 팔아 수평선을 담고 • 102
말없이 걸어가다 뒤돌아보면 • 105
용서에는 사랑과 시간이 필요하다 • 109
향기를 머금은 푸른 하늘 • 115
비와 별이 내리는 밤 • 123

3부 **밤하늘은 별들로 가득하다**

소설〈운수 좋은 날〉과 씨클로 • 132
가난을 나누어 먹던 아름다운 시절 • 136
손에 피는 꽃 • 140
그때의 햇살과 바람 • 145
아버지의 딸이어서 행복합니다 • 150
오직 나를 위해 기도하는 사람 • 154
아직 헤어지는 중 • 160

수녀님이 미워요 • 169
모든 아이들은 천국에 간다 • 174
가을엔 떠나지 말아요 • 177
아직 하고 싶은 말이 남았는데 • 181
애도의 강물이여 흘러라 • 187
생명을 주는 죽음 • 193

 4부 아버지와의 편지 대화

아버지에게 보낸 첫 번째 편지 & 아버지의 답장 • 202
아버지에게 보낸 두 번째 편지 & 아버지의 답장 • 215
아버지에게 보낸 세 번째 편지 & 아버지의 답장 • 226
아버지께 보내는 편지 • 238

에필로그 기억과 기록은 사랑이다 • 244

딸로서도 수도자로서도 온전히 사랑해 주신 아버지께
이 책을 바칩니다

프롤로그

냉이꽃으로 피어난 아버지

"언니, 아버지께서 곧 임종하실 것 같아…"

"뭐라고? 의사가 괜찮다고 했다며? 오늘 밤은 넘기실 것 같다고…"

동생과 통화하면서도 더는 전화를 붙잡고 있을 때가 아니라는 직감이 불처럼 일어났다. 식사하던 자리를 어떻게 빠져나왔는지 몸은 이미 달리는 택시 안이었다.

"아저씨, 급해요. 최대한 빨리 가주세요. 빨리요. 빨리 가야만 해요."

나는 택시 기사님께 다급히 외치고 있었다.

경기도 성남에서 아버지가 계신 서울 서초구의 서울성모병원 호스피스 병동까지 한시가 급하게 가야 했다. 일요일 오후 5시경, 도로에는 주말을 보내고 서울로 돌아오는 차들이 점점 늘어났다. 곳곳에 신호등은 왜 그리 많고, 택시는 왜 이리 느리게 달리는지? 마음 같아서는 차라리 차에서 내려 정체된 도로를 내달리고 싶었다. 택시에 날개라도 달고 싶었다. 요동치는 심장은 나를 점점 조바심치게 했다.

'아버지, 나 보고 가야 해요. 그냥 가면 안 되지. 조금만 기다려 줘요. 가고 있어요. 엄마 임종도 못 지켰기에 아버지 임종은 꼭 지키고 싶어요.'

눈물도 나지 않는 메마른 긴장감에 떨고 있을 때, 다시 핸드폰이 울렸다. 동생이었다.

"언니, 아버지 임종하셨어. 그래도 아직 듣기는 하신대. 마지막 인사해. 아버지 귀에 대줄게."

임종이라는 말이 가슴 속에 '쿵' 하고 떨어지자, 순간 아무것도 보이지 않았다. 그렇게나 지키고 싶었던 아버지의 임종이었는데, 하늘도 무심하시지… 그러면 안 되는 일이 벌어지고야 말았다.

사람은 숨이 멈추어도 청각은 마지막까지 지속되는 감각이라고 했다. 택시 기사님마저 숨죽인 순간, 마지막이라는 말에 쿵쾅거리는 심장을 부여잡고 핸드폰에 대고 외쳤다. 숨통을 조이는 듯한 떨림에 목소리가 제대로 나오지 않았지만, 혹여나 아버지께서 못 들으실까 봐 힘주어 소리치고 있었다.

"아버지, 아버지가 저의 아버지여서 고맙고 감사했어요. …아버지 사랑합니다. …아버지, 빛을 향해 가세요. 빛을 향해 가세요."

왈칵 눈물이 터져 나왔다.

"아빠, 아버지…"

주체할 수 없는 울음 사이로 동생의 목소리가 들려왔다.

"언니, 아버지께서 들으신 것 같아. 얼굴이 편안하셔. 조심히 와."

순간 나도 모르게 택시 창문 너머 하늘을 바라보는데 큰 한숨이 나오면서 마음이 편안해졌다. 한 차례 거대한 해일이 지나간 바다처럼 평온해졌다.

'아버지가 나에게도 다녀가셨구나. 아버지가 좋은 곳에 가셨구나. 하느님 품에 안기셨구나.'

어둠이 드리운 하늘에 장막이 걷히고 너울 하나가 날아가는 것만 같았다.

"아버지, 감사합니다. 사랑합니다."

아버지께서 말기 암 진단을 받으신 것은 2013년 4월이었다. 남은 시간은 6개월에서 1년. 하지만 부정맥으로 갑자기 한밤중에 서울대병원 응급실로 실려 가시게 되자, 병원에서는 아버지의 임종이 더 빨리 찾아올 수도 있으니 준비하라고 했다.

준비? 무엇을 준비한단 말인가? 어머니마저 3년 전에 선종하시어 안 계신 상황이라, 우리 형제들은 우왕좌왕 당황스럽기만 했다. 우리도 놀랐지만, 아마 아버지도 불쑥 다가온 당신의 죽음에 심적으로 충격을 겪고 계셨기에 부정맥이 더 심해졌던 것 같다.

가정 호스피스 간호를 받으시던 아버지가 호스피스 병동에 입원하신 것이 여름이었다. 입원과 퇴원을 반복하다가 결국 당신께서 평소 바라시던 대로 덥지도 춥지도 않은 10월 13일에 선종하셨다.

아버지께서는 호스피스 병동에 계실 때 자주 '호강한다'라고 말씀하셨었다.

"병원에 입원해서 호강한다. 수녀 얼굴 매일 보니 좋고, 너희들 보니 좋다. 병원 간호사들도 친절하고, 봉사자들도 잘 해줘."

병실, 그것도 호스피스 병동에서 받는 돌봄에 호강이라 하시다니. 죄송함에 가슴이 저릿했다. 게다가 수녀인 딸의 얼굴을 자주 보는 게 호강이라니, 호화롭고 편안한 삶이라니… 아버지의 사랑이 진하게 사무쳤다.

하지만 한편으로는 다른 감정에 사로잡히기도 했다. 자식으로서 아버지를 간호하는 것이 당연한 도리이면서도, 감당해 내야 할 버거움에 눌려 괴로웠다. 맡은 유치원과 수녀원 공동체를 자주, 어느 때는 매일 비우기가 어려워서 이 시간이 빨리 지나갔으면 하고 바랐기 때문이다. 더구나 호스피스 병실 비용도 만만치 않은 부담이었고, 간병인 구하기는 애를 태울 만큼 어려웠다.

아버지께서 선종하신 지도 어느덧 10년이 넘는다. 그때는 아버지께서 70대 중반이어서 일찍 돌아가셨다고 생각하지 못했었다. 그러나 90세 넘는 부모님을 모시고 사는 지인들을 보며 '우리 아버지 일찍 돌아가신 거구나' 하는 걸 이제야 느낀다.

그때 내 속은 복잡하게 얽혀 있었다. 늘어나는 병원비와 지쳐 가는 몸과 마음, 병동에서의 간호가 길어질수록 불안이 엄습해 왔다. 그러면서도 후회할지 모르니 '잘 해드려야지' 하는 마음을 굳게 지키고 싶었다.

두 감정이 날마다 팽팽히 줄다리기하듯 서로 다른 얼굴로 나를 흔들었었다. 하지만 다시 그 시절로 돌아간다 해도 여전히 그럴 것 같다. 하느님의 뜻이 이루어지기를 기도하는 수도자이지만, 나 역시 현실의 고통 속에 살아가는 인간이기에 어쩔 수 없는 시간이었다. 어느 때는 송구하게도 빨리 이 시간이 끝나기를 바랐고, 섬망†으로 헛소리와 이상한 행동을 하실 때는 나도 모르게 아버지에게 화를 냈었다.

"아버지, 그만! 제발 그만 하세요!"

---

† 암 말기 섬망은 말기 암 환자에게 자주 나타나는 증상 중 하나이다. 섬망이란 지각이나 인식 장애를 동반한 상태로 환자의 의식 수준과 사고력이 변동되며 혼란, 착란, 환각 등의 증상이 나타난다. 그 증상은 개인마다 다르지만, 일반적인 증상으로는 혼란스러운 사고와 언어 문제, 주의력 결여, 환각과 망상, 불안과 분노 증가, 수면 장애, 흥분과 억제 등을 들 수 있다. 섬망은 환자 자신에게도 고통스러운 상태이며, 또 가족이나 주변 사람들에게도 큰 부담이 되는 것이다.

하지만 언제 그랬냐는 듯 맑고 선하게 웃으시며 내게 '딸로도 사랑하고 수녀로도 사랑한다' 하실 때는 쏟아지는 모래시계 같은 시간을 멈추게 하고 싶었다.

아버지를 생각하면 '냉이꽃'이 생각난다. 겨울이 추울수록 향이 더 강해지는 냉이가 아버지의 고단하지만 향기로운 삶과 닮아 보인다. '당신께 나의 모든 것을 드립니다'라는 냉이꽃의 꽃말처럼, 가난한 시절에 태어나 가진 것 없는 가장이지만 자식들을 위해 당신의 몸과 마음, 생명을 다 바치신 아버지!

이 책에는 냉이꽃 같은 내 아버지께서 말기 암 진단을 받으신 후 임종하시기까지의 시간과 아버지와의 추억을 담았다. 이 땅에서 아버지를 기억해 드리며 존경과 감사의 마음을 표현하고 싶고, 그 기억을 나눔으로써 '고령화 시대'를 살아가는 자녀들에게 작은 위로와 치유를 건네주고 싶다.

주변에는 노부모님을 모시고 사는 분들이 많다. 어른들은 평소 건강하시다가도 갑작스럽게 병원 신세를 지기도 한다. 더구나 아프시거나 요양원에 계시고 또는 임종을 준비하고 계시기도 하다. 부모님을 돌보며 아파하고 힘들어하는 분들에게, 아버지께서 말기 암 진단을 받으신 후 선종하기까지 약 6개월 동안 겪은 내 마음의 봄, 여름, 가을, 겨울 풍경을 들려주고 싶다. 병간호로 지친 이가 있다면 "그럴 수 있다"라고, 무엇이든 어떤 마음이 들든 "그럴 만하다"

라고 토닥이고 싶다. 엎치락뒤치락 하루에도 수십 번 천국과 지옥을 오가는 그 마음자리가 사랑이며, 부모님은 모르시는 듯해도 다 이해하시고 사랑하신다고 말해주고 싶다.

'스스로를 너무 자책하지 마세요. 어떤 마음이 올라오고, 어떤 감정이 들더라도 자신을 미워하지 마세요. 부모님을 잘 챙기지 못한다고 자신을 탓하는 걸 부모님은 원하지 않으세요.'

냉이꽃 내 아버지, 고맙고 감사합니다!

1부

세상에서 가장 고귀한 사람

발은 고단한 삶의 무게를 감당하는 인간의 밑바닥이다.
발이 있기에 땅을 딛고 설 수 있고, 걸을 수 있고, 달릴 수 있다.
신께서 인간에게 주신 신체 중에 가장 낮은 자리에서 성실하고 충실하다고
할 수 있는 발! 그래서 죽음을 앞둔 예수님도 손수 허리를 굽혀
제자들의 발을 씻어 주신 것일까? 타인의 발을 씻어주는 것은
그만큼 상대의 밑바닥까지도 있는 그대로 받아들이겠다는 의지의 행위이며,
땀에 절어 냄새나고 볼품없어도 사랑한다는 고백인지도 모른다.

아버지와의 여행

아버지께서 2월인가 3월인가부터 옆구리 통증을 호소하셨다. 70대 중반이라는 연세도 있으신 데다 젊어서부터 여기저기 아프셨던 아버지셨기에 며칠 지나면 낫겠거니 하고 흘려들었다. 그러나 4월 들어서는 더욱 아파하셔서 걱정된 마음에 건강검진차 동네 종합병원에 들렀다. 그런데 느닷없이 말기 암 진단이 나왔다. 맙소사! 눈앞이 까매지고 믿을 수가 없었다.

아버지께서는 2011년에 위암 초기 진단을 받고 위절제수술을 받으셨다. '위암은 다른 암과는 달리 전이가 안 된다'하여 암에 대해서는 안심하고 있었다. 그런데 갑자기 뼈암 말기라니! 분명 내 귀로 듣고도 받아들일 수 없었다. 아버지의 통증 호소를 흘려듣지 말았어야 했는데… 후회할수록 마음이 와르르 무너졌지만, 아버지를 위해서라도 다잡아야 했다.

아버지의 상태에 대해 처음부터 숨기지 않고 말씀드렸다. 그것이 아버지를 위한 최선이라고 우리 형제들은 생각했다. 앞으로 어떤 치료를 받게 되든 아버지의 의지가 중요하다고 믿었다. 의사는 뼈암이 이미 말기단계로 깊어져서 항암치료나 방사선치료도 의미가 없다고 했다. 남은 시간이 6개월에서 1년이란다.

거리마다 꽃들이 흐드러지게 핀 생명의 봄날에 이게 무슨 날벼락인지! 인생에는 골목마다 복병이 숨어 있는 것 같았다. 도저히 이 사실을 받아들일 수가 없었다. 아버지도 위암 수술을 받았던 서울대병원에서 재검받기를 원하셨다.

병원, 그것도 온종일 사람들로 붐비는 종합병원에서 진료받는 날은 지치기 일쑤였다. 예약하고 가더라도 진료를 받으려면 종일 걸렸다. 동네병원 차트를 가지고 가서 그런지 절차도 복잡했다. 이리 가면 저리 가라 하고, 저리 가면 기다리라 하고, 그렇게 삼사십 분 기다리는 건 기본인데도 아무도 미안해하지 않는다. '오래 기다리게 해서 미안하다'라는 사람이 아무도 없었다.

인파로 북적이는 병원 복도를 오가거나 대기석에 앉아 무작정 기다릴 때면, 아버지와 나는 움츠러들고 작아져 갔다. 뭐라 물어보면 돌아오는 대답들이 퉁명스럽고 차갑게 들렸다.

"그걸 그렇게 작성하시면 어떡해요? 이리 주세요."

나무람인지 도움인지 모를 말에 눈물이 찔끔 흘렀다. 서러웠다. 누구는 아프고 싶어서 병원에 왔나? 죄인이 된 느낌이었다.

그렇게 받아든 재검 결과도 마찬가지였다. "위암은 전이가 안 되는데, 이상하네요…" 하는 의사의 말이 무책임하게 들렸다. 하긴 아버지가 아픈 것이 병원 탓은 아니었다. 전이가 아니라면 그때 위암 발병 당시 뼈암도 생기고 있었던 건지도 모른다. 혹은 위암보다 뼈암이 먼저 아버지 몸에서 자라고 있었는지도 모를 일이었다.

한숨만 나왔다. 의사는 점점 통증이 심해지고, 다른 기관으로 전이가 될 것이라고 했다. 항암치료라도, 방사선치료라도 받아보자고 했지만, 아버지는 속수무책으로 거절하셨다.

그렇다고 이렇게 병에 눌려 지낼 수는 없는 노릇이었다. 그러다 생각한 것이 아직 일상생활이 가능하실 때 아버지께서 평소 하고 싶으셨거나, 가고 싶으셨던 곳을 가보는 것이었다. 그래서 여쭈어보니 꽃을 좋아하는 우리 아버지, 순천만 국제정원박람회와 평생 한 번도 못 가본 울릉도를 가보고 싶으시단다.

아버지와의 여행은 그렇게 시작되었다. 다른 형제들은 시간이 안 되어서 나와 아버지 단둘이 순천만 국제정원박람회에 1박 2일 일정으로 가게 되었다. 행사가 많은 5월이지만 근무하는 유치원에 휴가를 내고 아버지와 단둘이 여행을 갔다. 숙박 장소는 여행업을 하는 지인이 예약해 주었다.

라일락 향기 머금은 바람은 부드러웠고, 온갖 꽃들을 피워낸 태양은 하늘 높이 떠 화창한 5월! 푸른 하늘 아래 세상의 진기한 꽃과 나무가 다 모여있는 듯 정원박람회장은 아름답기 그지없었다.

"아버지, 온통 꽃 천지예요. 이 꽃 좀 봐요. 어머, 저 꽃은 색깔이 정말 환상적이네!"

"그래, 생전 처음 보는 꽃이다. 신비롭구나."

"아버지, 좋죠? 꽃도 예쁘지만, 저랑 와서 더 좋으시죠?"

아버지는 홍조 가득한 소년의 얼굴로 호탕하게 웃으셨다.

"그럼, 그렇지. 우리 수녀 딸이랑 와서 좋고 행복하지. 꽃보다 우리 딸이 더 예쁘네!"

아버지의 농담에 한바탕 웃었다. 그 웃음소리에 꽃과 나무들도 덩달아 웃는 듯했다.

처음 보는 귀한 꽃들과 오래된 나무들을 보면서 감탄이 그치지 않았지만, 그중에서 꽃보다 환히 웃으시는 아버지의 모습이 보기 좋았다. 아버지와 사진도 찍고, 꼬막 정식도 먹고, 순천만을 걸어 용산전망대에도 올랐다. 가슴 탁 트이는 시야로 순천만 갯벌이 한눈에 들어왔다.

말없이 한참을 바라보시던 아버지께서 옆에 있던 사람에게 우리 부녀 사진을 찍어 달라고 하셨다. 좋으셨던 모양이다. 경치도 좋았지만, 아버지와 이런저런 사소한 얘기를 나누며 걷는 시간이 소박하고 소중했다.

"아버지, 저 어릴 때 얘기해 주세요."

"너 어릴 때? 너 어릴 때 영리하고 눈치 빨라서 혼날 일이 없었지. 사랑은 네가 제일 많이 받았어."

기분이 좋았다. 그냥 하시는 얘기라도 형제 중에 내가 제일 사랑을 많이 받았다니, 사랑 고백을 듣는 것처럼 행복했다.

말기 암인 것이 믿기지 않을 정도로 아버지는 잘 걷고 잘 드셨다. 그런데 그 밝고 활기찬 아버지의 모습이 어쩐지 애잔하게 다가왔다. 좀 더 건강하실 때 함께 여행을 다녔으면 좋았으련만…

하지만 모든 일이 다 좋을 수는 없는가 보다. 여행을 잘 마치고 서울로 돌아온 용산역에서 문제의 발단이 시작되었다. 사실 말기 암 진단을 받기는 하셨어도 아버지의 건강이 어느 정도인지 가늠이 안 되었다. 환자로 대하기도, 그렇다고 환자가 아닌 것도 아니었다. 어느 정도 활동을 할 수 있고, 어느 만큼에서 멈추어야 하는지 아버지도 나도 알 수가 없었다.

여행은 즐거웠지만, 이틀 동안 너무 많이 걸었던 탓인지 여행의 끝은 피곤했다. 그래서였을까? 원래 계획은 아버지를 모시고 미아동 집에 가서 저녁을 준비해 드리고 맛있게 잡숫는 걸 보고 나오는 것이었지만, 왠지 마음도 무겁고 피곤한 느낌이 들어 수녀원에 좀 일찍 들어가고 싶어졌다. 더 솔직하게는 아버지를 집에 모셔다

드리고 저녁밥을 챙겨드린 후 내가 머물고 있던 성남으로 돌아오는 것이 귀찮았다. 그래서 나는 그냥 반찬 사드리는 걸 택했고, 거기서 아버지와 다툼이 일어났다. 역에 붙은 대형 마트에 들어가 반찬을 고르는데 아버지께서 하필이면 무거운 고추장, 쌈장을 담는 것이었다. 동네 마트보다 싸다는 게 이유였다.

"다음에 택배로 배달시켜 드릴 테니 가벼운 것으로 맛있는 것 고르세요."

나의 만류에도 아버지는 아랑곳하지 않으셨다.

"배낭에 넣어 가면 하나도 무겁지 않은데 무얼…"

아버지가 하자는 대로 따를 수밖에 없었지만, 마음은 불편했다. 여행 짐에 된장과 고추장까지 배낭에 한가득 넣고는 도로로 나왔다. 날은 덥고 피곤한데, 굳이 이걸 등에 짊어지고 가실 말기 암 아버지가 걱정되었다.

"아버지, 택시 타고 가세요. 몸도 아프신데."

"거 참, 괜찮다는 데도!"

아버지는 언성을 높이시며 얼굴을 찌푸렸다.

그걸로 실랑이를 한참 하다가 이 또한 아버지가 원하시는 대로 버스를 타기로 했지만, 이미 나는 화가 나고 있었다. 게다가 용산역에서는 한 번에 아버지 집으로 가는 버스가 없어서 갈아타야 했다. '서울역에 가면 버스가 있겠지' 하는 생각으로 버스로 서울역까지 갔지만, 서울역 버스 정류장에도 집으로 바로 가는 노선이 없었다.

다시 택시 타고 가시라고 권했지만, 이번에도 막무가내이시다. 아버지 살아오신 대로 버스를 타겠다고 우기셨다. 말기 암 환자인 아버지는 옆구리가 아프시다면서도 무거운 배낭을 메고 다시 걸으셨다.

결국 아버지와 나는 집으로 바로 가는 버스 노선을 찾아 서울역에서 남대문시장까지 무거운 짐을 들고, 짐보다 무거운 침묵 속에 걷게 되었다. 여행지에서 꽃처럼 만발했던 웃음은 아득하게 멀어졌고, 나는 치솟는 화와 짜증으로 지쳐만 갔다. 5월의 한낮은 왜 이리 더운지 날씨마저 맘에 들지 않았다.

그렇게 찾아간 남대문시장에서 버스를 타고 가시는 아버지를 배웅하고 나니 눈물이 났다. 화와 짜증, 여행을 망쳤다는 자괴감과 후회가 밀려왔다. '그냥 못 이기는 척 택시 타고 가시지…' 하는 아버지에 대한 미움도 잠시 스쳤다. 한편으론 말기 암 진단을 받으신 아버지를 위한 여행의 끝이 이렇게 엉망이 된 것이 죄송했다. 그 무거운 배낭을 메고 서울역에서 남대문시장까지 걸었으니…

나중에 들으니, 남대문시장에서 탄 버스도 잘못 탄 것이어서 중간에 다시 갈아타셨단다. 그날 얼마나 고생하신 건가! 우리 아버지, 그렇게 고생하며 사셨기에 오죽하면 뼈에 암이 생기셨겠는가! 그러니 인생의 마지막 장은 덜 고생하는 것으로 마무리됐으면 좋겠는데, 결국 '살아온 대로 간다'라는 말처럼 오늘 이렇게 고생하시는 모습을 지켜보며 마음이 아렸다. 인생의 반복, 그 사이클이 무섭다는 생각이 들었다.

아버지에게 남은 시간 동안에는 잘 해드려야겠다, 해피엔딩으로 마칠 수 있도록 잘 해드려야지, 내 고집 덜 세우고 아버지 하자고 하시는 대로 해야지, 내 생각에 고생스러워 보이는 선택을 하셔도 아버지께서 좋다면 그렇게 해야겠다고 다짐하고 또 다짐해본다.

아버지, 택시 안 타고 가셔도 좋으니 오래, 좀 더 오래 우리 곁에 남아주세요!

가족사진

가족사진을 찍는 날, 아프신 아버지의 이동 거리를 생각해서 아버지가 사시는 동네 사진관에서 찍기로 했다. 동생 루시아가 인터넷으로 검색하여, 나름 평이 좋은 사진관으로 예약을 해두었다. 말기 암 판정을 받으신 아버지의 영정사진을 준비하는 자리이기도 했다.

사실 아버지의 영정사진은 엄마 살아계실 때, 엄마가 재촉하여 찍어둔 사진이 있다고는 하셨다. 그런데 아버지는 그 사진이 맘에 안 든다고 하신다. 엄마가 당신 영정사진을 미리 준비하시면서 덤으로 찍은 사진이기도 했지만, 그때는 영정사진 찍기가 싫으셨다고 한다. 그래도 이번에는 마음 준비가 되셨는지, 가족사진 찍자는 제안에 당신 영정사진도 찍으시겠다고 먼저 말씀하셨다.

왠지 마음이 이상했다. '영정사진'이라는 것이, 우리 부모님처럼 장례 전에 미리 준비하는 것이던가? 아직 살아계신 아버지께서, 돌아가신 후에 조문객들이 바라볼 당신의 사진을 고르고 싶으셨을까? 이제 살날이 많지 않음을 생각하시며 당신의 장례식을 준비하고 계시는 것 같아 숙연해졌다.

가족사진 찍을 때 아버지께서 입으실 남방을 새로 장만하기로 했다. 마침 동생이 내가 있는 유치원 쪽으로 올 일이 있다고 했다. 그래서 둘이 성남의 율동공원에서 점심을 먹고, 서현역에 있는 AK 플라자에 갔다. 가족사진 찍는 일이 즐거울 수도 있고 아닐 수도 있지만, 동생과 아버지의 옷을 고르는 일은 즐거웠다. 아버지에게 뭔가를 해 드릴 수 있어 좋았다.

"아버지 옷 치수가 어떻게 되지?"

동생은 제부를 기준으로 아버지의 옷 치수를 가늠하여 옷을 골랐다.

"언니, 언니 보기에 색상은 이게 좋아? 저게 좋아?"

"산뜻하게 푸른색 계통으로 하자!"

"그래, 좋아!"

아버지의 옷을 고르던 동생이 말을 이어간다.

"갑자기 엄마 생각나네. 엄마는 뭘 사 드려도 가격부터 물어보셨어. 그리곤 좀 비싸다 싶으면 환불하라고도 하셨지. 아버지는 가격 같은 거 묻지 마시고 그냥 기쁘게 입으시면 좋겠다."

동생의 말에 고개가 끄덕여진다.

"그래, 정말 그랬으면 좋겠다."

그날 새로 산 아버지의 남방은 사진 찍는 날에 동생이 가져오기로 했다. 시간 맞추어 아버지 집 근처의 삼양 사거리에 있는 사진관으로 갔다.

삼양동, 나는 이곳에서 태어나 20대 중반에 성북구에 있는 수녀원에 들어가기 전까지 살았다. 최근에 삼양동은 도시재생사업을 통해 변화를 맞이하고 있지만, 예전에 삼양동의 가파른 언덕길과 좁은 골목길은 가난한 이들의 애환과 아픔을 상징하는 공간이었다. 오랜만에 찾은 삼양 사거리의 변화된 모습이 낯설지만, 추억이 있어 옛 친구처럼 느껴졌다.

그런데 동생이 늦는다. 전화해 보니 난감해한다.

"언니, 아버지의 새로 산 옷을 한번 빨아서 잘 갖고 왔는데… 전철 짐 보관대에 두고 내렸어… 분실물센터에도 없다고 하네, 어쩌지… 미안해!"

"에구… 당황스러웠겠다. 괜찮아, 그냥 와! 다들 기다려!"

"그래도 그게 아닌데… 내가 근처 백화점 가서 비슷한 걸로 사서 얼른 갈게. 조금만 더 기다려 줘."

모처럼 자매가 백화점 가서 아버지가 입으실 거라며 발품 팔아 고르고 고른 남방. 내 마음도 안 좋은데, 놓고 내린 동생 마음이야 더 안타깝겠지… 뭐라 할 수가 없었다.
 한참 후 땀을 뻘뻘 흘리며 동생이 상자를 들고 나타났다.
 "아버지, 이 옷으로 갈아입으세요."
 "지금 입은 옷도 좋은데, 뭐 하러 돈을 쓰고 그래. 살면 얼마나 더 산다고."
 아버지의 말이 가시가 되어 가슴에 콕 박힌다. "고맙다" 하고 그냥 받으시면 좋겠지만, 아버지 마음에 자식들이 돈 쓰는 게 더 신경 쓰이시는 것이다.
 하지만 이내 아버지 마음을 알아차린다. 그런 단어는 안 들어 있지만 그 말이 곧 '고맙다'라는 뜻임을.

 우리가 가족사진을 언제 찍었더라? 아버지 환갑과 엄마 환갑 때, 동생들 결혼식장에서. 그리고 오늘 가족사진을 찍는다. 행사의 마무리를 장식하는 가족사진이 아니라 일부러 시간을 내서 사진관에 모여 찍는 가족사진은 처음인가 보다. 그리고 어쩌면 마지막이 될 것이다.
 사진기사님의 요청에 따라 아버지를 중심으로 형제들과 조카들이 자리를 잡는다. 결혼하지 않은 나와 오빠가 아버지 옆에 앉고 서고, 각자 자기 짝들과 조카들이 아버지 뒤에 선다. 사진기사님이 카메라를 들고 여러 번 왔다 갔다 하며 자리 배치를 조율하고, 드디어 셔터를 누르려 했다.

"자, 이제 찍겠습니다. 웃으세요~"

연속해서 셔터를 누르며 사진기사님은 밝은 표정을 주문했다.

"어르신, 조금만 더 웃으세요."

사진기사님이 몇 번이고 아버지에게 "웃으세요"를 주문해도 아버지는 자연스러운 미소를 짓기가 힘드셨던 것 같다. 아버지는 아프셔서도 그렇겠지만, '이제는 마지막'이라는 비장함 때문에도 심란하셨을 것이다.

아버지 둘레에 선 우리도 마음은 아버지와 닮아 있었지만, 좀 더 연기를 잘했다고나 할까? 나중에 나온 사진을 보니 우리 모습과는 달리 아버지는 여전히 긴장하여 어깨가 올라가고, 표정은 심각해 보이셨다.

가족사진을 찍은 후, 예정대로 아버지의 영정사진을 찍었다. 아버지께서 먼저 찍겠다고 하신 영정사진이지만, 홀로 카메라 앞에 앉으신 아버지의 표정은 굳어 있었다. 보다 못한 사진기사님이 아버지께 다가가 사정하듯 이야기한다.

"어르신, 긴 시간 힘드시죠. 원래 사진 찍는 게 힘든 작업이에요. 이제 다 됐어요. 제가 빨리할게요. 안 그러면 화나 보이니까 아주 조금만 미소를 지어볼까요?"

하지만 아버지의 표정은 계속 무겁다. 그런 아버지를 바라보며 나는 알았다.

'당신의 장례를 위해 영정사진을 찍자고는 하셨지만, 살고 싶으시구나…'

그런 생각이 드니, 더는 아버지를 바라볼 수 없었다. 돌아서서 뜨겁게 올라오는 눈물을 참아야만 했다. 내가 울면 전염되어 눈물바다가 될 것 같았다. 영정사진은 찍지 말 걸 그랬나 보다 하는 후회가 밀려왔다. 엉뚱하게도 나는 영화 〈수상한 그녀〉에 나오는 '청춘사진관'의 존재를 믿고 싶어졌다. 그 사진관으로 아버지를 모시고 가고 싶었다.

가족사진을 찍고, 근처 식당으로 가서 저녁을 먹었다. 심란한 마음에 밥을 먹는 둥 마는 둥 하고 있는데, 아버지께서도 식사를 영 못 드셨다.

"아버지, 음식이 입맛에 안 맞으세요?"

"아니다, 내가 요새 속이 좀 안 좋아서…"

동생도 걱정되어 말한다.

"죽, 사드릴까요?"

"나 신경 쓰지 말고, 너희들 맛있게들 먹어. 늙으면 다 그래."

아버지의 선한 얼굴에 그늘이 드리워져 있다. 그 그늘이 자식들의 마음으로 번져가며 점점 짙어간다. 나는 속으로 기도를 올린다.

주님,

아버지에게 남은 시간이 얼만큼인지, 미리 알 수 있음은 축복이면서도 아픔입니다.

자녀들에게는 아버지에게 효도할 기회이기도 하고, 아버지에게는 당신의 삶을 정리할 수 있는 시간을 허락받은 셈이기도 하지요.

하지만 죽음 앞에서 흔들리는 아버지를 지켜보며 동행하는 힘겨움도 있습니다.

부디 아름다운 사진들만 아버지의 마음에 담아 보내드릴 수 있게 하소서.

그때 라디오에서 SG워너비 김진호의 〈가족사진〉이라는 노래가 환청처럼 들려왔다.

바쁘게 살아온 당신의 젊음에
의미를 더해줄 아이가 생기고
그날에 찍었던 가족사진 속에
설레는 웃음은 빛바래 가지만
어른이 되어서 현실에 던져진
나는 철이 없는 아들이 되어서
이곳저곳에서 깨지고 또 일어서다,
외로운 어느 날 꺼내 본 사진 속

아빠를 닮아 있네.

내 젊음, 어느새 기울어 갈 때쯤
그제야 보이는 당신의 날들이
가족사진 속에 미소 띤 젊은 우리 엄마,
꽃피던 시절은 나에게 다시 돌아와서
나를 꽃피우기 위해 거름이 되어버렸던
그을린 그 시간들을 내가 깨끗이 모아서
당신의 웃음꽃 피우길
피우길, 피우길

마지막 선물

아버지가 말기 암 진단을 받고 난 뒤, 내가 무엇을 어떻게 하는 것이 아버지께 최선인지를 몰라 혼란스럽기만 했다. 그러다가 마침 알고 지내던 '마리아의 작은 자매회'† 모현가정호스피스‡ 김 수녀님께 연락을 드리게 되었다.

수녀님은 자기 일처럼 마음 아파하며 가정방문 호스피스에 대해 설명해 주었다. 일주일에 한 번 방문하여 환자가 밥은 잘 먹는지, 더 나빠진 곳은 없는지와 더불어 환자를 돌보는 보호자 상태는 괜

---

† 1877년 영국의 메리 포터 수녀가 설립한 수녀회로 임종 환자를 위한 기도와 봉사를 사도직으로 삼아 1963년 한국에 진출했다.

‡ 마리아의 작은 자매회 수녀들이 30년 넘게 운영해온 가정방문 호스피스 전문기관. '모현'이라는 이름처럼 죽음을 앞두고 고통과 두려움에 있는 환자들에게 '어머니의 언덕'이 되어 주고 있다.

찾은지 등을 살핀다고 했다. 그리고 모현가정호스피스의 모든 돌봄은 무료이며, "환자들이 삶의 마지막 시간을 외롭게 보내지 않도록 도와주고 있다"라고 말했다.

병원은 말기 환자의 질환을 보지만, 호스피스는 질환에 걸린 환자를 본다. 육체적 고통뿐만 아니라 정신적, 영적 아픔까지도 보듬는다고 한다. 아버지께 꼭 필요한 돌봄이었다. 그러면서 김 수녀님은 이런 말을 덧붙이셨다.

"아버지께서 편하고 행복하게 임종하시면, 수녀님도 수녀님의 죽음을 준비하며 행복하게 살아갈 수 있어요. 그러니 죽음은 고인이 가족에게 남겨주는 마지막 선물이지요."

정말 큰 울림을 주는 말씀이었다. 죽음이 슬픔이나 상실만은 아니라는 것이 위로되었다. 몇 년 전에 준비 없이 맞이했던 어머니의 죽음을 생각해 봐도 공감이 가는 말씀이었다. 18년간 아프기는 하셨어도 2010년 5월 어느 날 느닷없이 갑작스레 선종하신 어머니의 죽음은 그 자체로 충격이었다. 단절의 아픔 속에 오래도록 서성여야 했다.

그러나 행복한 죽음, 잘 준비된 죽음은 남은 가족에게 선물이 되는 것이구나 하고 고개가 끄덕여졌다. 함께 가족으로 살면서 어쩔 수 없이 주고받은 상처들을 치유하는 시간으로 만들 수도 있을 것이다. 죽음은 슬픈 끝이 아니라 완성이겠구나.

아버지의 죽음을 잘 준비해야겠다. 아버지께서 행복하게 선종하실 수 있도록 곁에서 함께하고 싶다. 아버지 마음속에 맺힌 것이 있다면 풀어드리고, 내게도 후회가 남지 않도록 마음을 다해 효도하고 싶다.

문득 가수 노사연의 〈바램〉이라는 노래 가사가 생각났다.
"우린 늙어가는 것이 아니라, 조금씩 익어가는 겁니다."

김 수녀님의 안내대로 가정호스피스 봉사자가 집으로 방문하기 시작했다. 그런데 아버지는 그 봉사자가 오는 것을 불편해하셨다. 이상했다. 평소 사람 좋아하시고 온유하신 분이라 봉사자가 일주일에 한 번 와서 말벗도 해주고 당신 병에 관해 설명도 해주니 좋아하실 줄 알았는데, 아니었다. 가정호스피스 봉사자가 다녀간 날 저녁에 전화를 드리면 불평을 늘어놓으시곤 했다.

"사람 드나드는 게 귀찮아. 환자 취급하는 것도 싫고…"

지금 생각하면 아마 이 시기가 죽음의 5단계† 중 부정과 분노의 단계가 아니었을까 싶다. 말기 암 선고를 받고, 당신의 감정에 대해 자식들 앞에서 내비치신 적이 없던 아버지셨다. 내가 함께 순천 여행을 갔을 때 슬쩍 여쭈어보긴 했었다.

"아버지, 갑자기 말기 암 판정받고 하느님이 원망스럽지는 않으

---

† 스위스 출신의 미국의 정신과 의사이자 임종 연구 분야의 개척자인 엘리자베스 퀴블러-로스가 사람이 죽음을 선고받고 이를 받아들이기까지의 과정을 '부정, 분노, 타협, 우울, 수용'이라는 다섯 단계로 구분 지어 놓은 것.

세요?"

"누구나 다 죽는데 뭐… 칠십 넘게 살았으면 이제 죽을 때도 됐지…"

그렇게 말씀하시며 감정표현이 없으셨다.

아마도 그런 시기의 아버지에게 있어 가정호스피스는 인정하고 싶지 않은 말기 암과 죽음에 대해 직면하게 하는 반갑지 않은 방문이었을 것 같다.

그러다가 6월 초, 갑자기 한밤중에 응급실로 실려 가셨다는 연락을 받았다. 심장이 내려앉고 땅이 꺼지는 듯했다.

'안 되는데, 벌써 돌아가시면 안 되는데…'

혼비백산 병원으로 달려갔다. 이번에는 아버지의 심장 부정맥이 원인이었다. 총체적 난국이었다. 암은 암대로, 심장은 심장대로 아버지의 몸 여기저기서 소리치고 있었다. '죽음이 가까이 다가오고 있다'라고.

호스피스 병동을 알아보기로 했다. 말기 암도 걱정이지만, 부정맥으로 언제 어떻게 되실지 알 수 없었다. 병원에 입원해 계시는 것이 좀 더 안심될 것 같았다.

아버지가 마지막을 지낼 호스피스 병동을 전화로 알아보기보다 직접 찾아가 시설도 확인해 보고 싶었다. 천주교 기관에 대해서는 수녀인 내가 알아보는 것이 수월할 듯하여, 내가 나서서 몇 곳을 찾아다녔다. 그렇게 해서 아버지가 서울성모병원 호스피스 병동에 입원하게 되었다.

계절은 어느새 여름으로 접어들고 있었다.

오직 한 사람을 위하여

당시 서울에서 호스피스 병동을 운영하는 가톨릭 병원은 청량리에 있는 성바오로병원과 서초동의 서울성모병원 두 곳뿐이었다. 아버지와 함께 성당 활동하시던 아버지 친구분들을 생각하면 아버지 집에서 가까운 성바오로병원(2019년 가톨릭대학교 은평성모병원으로 이전)에 입원하는 것이 자연스러웠다. 하지만 과천에 사는 동생 루시아나 성남에 거주하는 나로서는 서초동에 위치한 서울성모병원이 더 나았다.

전화로 문의해 보니, 두 병원 모두 호스피스 병동에 빈 병실이 없이 대기해야 한다고 했다. 나는 막연히 기다리기보다는 직접 시설도 확인하고 싶어 서울성모병원 호스피스 병동 원목실을 찾았다.

마침 원목수녀님을 만날 수 있었고, 사정을 들으신 수녀님은 내 어깨를 토닥이며 기도해 주셨다.

"수녀님, 우리 함께 기도해요. 우리에게는 하느님이 계시니 용기를 내세요."

그 기도가 하늘에 닿았던 걸까, 다행히 오래 기다리지 않고 아버지는 서울성모병원 호스피스 병동에 입원하실 수 있었다. 하지만 '호스피스 병동'이라는 단어가 주는 무게가 마음을 짓눌렀다. 부정맥과 통증 조절을 위해 입원이 필요하긴 했지만 호스피스 병동은 '죽음을 준비하는 곳'이라는 생각이 들어 본능적으로 거부감이 들었다.

아버지가 환자복으로 갈아입고 병실에 앉아 계신 모습을 마주한 순간, 나는 아무 말도 할 수 없었다. 생각보다 살이 많이 빠져 더욱 앙상해진 몸, 헐렁한 환자복이 낯설었다. 하지만 아버지는 그 어색함을 감추려는 듯 미소를 지으며 나를 바라보셨다.

나는 얼른 정신을 차리고 애써 밝은 목소리로 말했다.

"아버지, 환자복이 좀 커 보이네. 제가 다른 걸로 가져올게요."

병실을 나와 복도에 서서 잠시 눈을 감았다. 깊이 숨을 들이마신 뒤, 조용히 기도했다.

"하느님, 아버지의 마지막 날들을 잘 돌볼 수 있도록 저에게 단단한 마음과 건강을 허락하소서!"

아버지는 점차 호스피스 병동 생활에 적응해 가셨다. 아직은 혼자 식사가 가능했고, 거동에도 큰 불편함이 없었기에 따로 간병인을 두지 않았다. 낮에는 아버지가 계신 5인실의 다른 환자분들의 보호자나 간병인들이 자연스럽게 아버지를 도와주곤 했다. 밤에는 형제들끼리 당번을 정해 번갈아 아버지 곁을 지켰고, 주말에는 시간이 되는 대로 함께 머물며 아버지를 돌봐드렸다.

원목 수녀님과 의사 선생님, 간호사들은 친절했다.

"어르신, 오늘은 얼굴이 부으셨네요. 어디가 제일 불편하세요?"

섬세하게 아버지의 병세와 통증을 살폈고, 하루하루 심해지는 말기 암 통증을 조절해 주었다. 무엇보다 아버지께서 삼시 세끼를 잘 드셔서 안심되었다. 영양 상태를 고려한 식단에 때로 "간이 싱겁다" 하실 때도 있었지만, 대체로 남기지 않고 드셨다.

주일에는 병원 성당에서 미사가 있어서 주일 미사도 거르지 않고 참석할 수 있었다. 아버지께서는 원목 수녀님과 기도 봉사자들이 방문하여 기도해 주는 것을 좋아하셨다.

목욕 봉사자분들도 오셨다. 목욕을 시켜주시거나 머리를 감겨주시고 면도도 해주셨다.

"어르신, 수녀 따님 두셔서 좋으시겠어요. 기도도 많이 받고."

"어쩜 이렇게 두 분이 다정해 보이세요. 수녀님이 아버님을 많이 닮으셨네."

봉사자분들의 말에 기분이 좋아지신 아버지께서는 당신이 손

수 만드신 묵주를 그분들에게 나누어주곤 하셨다.

"어르신, 솜씨도 좋으시네. 하나 더 주세요. 주신 묵주로 기도 많이 할게요."

아버지 얼굴에 미소 꽃이 한가득 피어났다.

아버지 친구분들도 가끔 면회를 오시어 담소를 나누다 가시곤 했다. 친척분들도 소식을 듣고 면회를 오셨는데, 덕분에 오랜만에 얼굴 뵙는 반가운 시간이었다.

수녀님들도 병원에 진료가 있거나 하면 오고 가는 길에 들러 기도를 해주고 가셨다. 수녀님이 오셔서 아버지 손을 잡고, 또 이마에 손을 얹어 기도해 주시는 모습이 나에게도 힘이 되었다. 수녀원 공동체의 지지를 받는 느낌이었다.

아버지는 "병원에 입원해서 호강한다"라고 입버릇처럼 말씀하셨다. 자녀들이 돌아가면서 찾아오고, 친절한 간호사와 봉사자들이 있어 좋으시단다.

호강! 병원에 입원해서 받는 돌봄에 호강이라 말씀하시니 마음이 아렸다. 건강하실 때 좀 더 자주 찾아뵙고, 여행도 다니고, 맛난 음식도 함께 먹고 해야 했었는데 후회가 밀려왔다.

아버지는 진통제를 잘 안 드셨다. 생으로 통증을 참으시곤 했다.

"아버지, 몹시 아프시면 참지 말고 간호사에게 말씀하셔요."

"진통제가 뭐 좋다고 자꾸 먹냐? 마약 성분이 들어있다는데 중독되면 안 되잖아."

마음이 착잡했다. 말기 암으로 시한부 인생을 사시는데 마약 중독, 진통제 중독이 될까 봐 걱정하신다. 그냥 살아계시는 동안만이라도 질 높은 생활, 통증 없이 쾌적한 일상을 지내셨으면 좋겠는데…

"그래도 너무 참지는 마세요. 그것도 아버지 몸에 해로우세요."

호스피스 병동에는 이용 기간이 정해져 있었다. 입원 후 환자의 상태를 점검하고 통증을 조절한 뒤, 어느 정도 집에서 지낼 수 있을 만하면 퇴원시켰다. 그리곤 가정간호사의 방문 돌봄을 받게 했다.

아버지 경우에도 마찬가지였다. 집에는 아버지를 돌볼 사람이 없어도 어쩔 수 없이 퇴원하셔야 했다. 난감했다. 형제들과 상의한 끝에 급한 대로 오빠가 당분간 아버지를 돌보기로 했다. 서로 의지할 수 있는 형제지간이 있어 정말 다행이었다.

퇴원할 때는 내 사정을 잘 아시는 원목 수녀님께서 염려해 주시며 내 손을 잡고 기도해 주셨다. 그럼에도 불구하고 '집에 계시는 것이 불안하니 재입원해야 한다'라는 생각에 누구에게라도 사정하고 싶었다.

그런데 아버지께서는 퇴원하신 그날 밤, 다시 입원하게 되었다.

고열에 시달리셔서 응급으로 들어오게 된 것이다. 낮에 집으로 퇴원하신 아버지는 그날 저녁부터 열이 났다고 한다. 아버지의 상태를 지켜보던 오빠가 결국 응급으로 연락하여 재입원하게 된 것이다. 집에서 하룻밤도 채 지내지 못하고 다시 입원하게 되었으니, 정말 한 치 앞도 예측할 수가 없었다.

나는 그저 기도로 하느님께 의지할 뿐이었다.

하느님, 이 모든 상황을 당신께 맡기나이다.
그러나 저는 여전히 불안합니다. 이 시간을 언제까지 버텨낼 수 있을까요?
오늘은 유치원에서 여름방학을 앞두고 물놀이 행사가 있는 날이었습니다. 하지만 아버지가 재입원하셨다는 연락을 받고 달려왔어요. 유치원 일은 교사들에게 맡겨두고요. 오빠도 동생들도 일이 있어 못 오니 저라도 곁에 있어야 했습니다. 다행히 물놀이 행사가 무사히 마무리되어 그것만으로도 감사합니다.

하느님, 아버지는 당신 품에 곧바로 갈 수 있을지 자신이 없다고 하십니다.
당신 앞에서 떳떳하게 내세울 것이 없다시며, 하늘나라에 갈 자격이 있을지를 걱정하고 계십니다.
죽음을 앞둔 한 인간의 가장 솔직한 고백이겠지요.

주님, 자비를 베푸소서.

아버지의 기도와 몸의 고통, 죽음에 대한 불안을 받아주시고, 당신을 향해 나아가는 길에서 느끼는 우려와 나약함을 감싸주소서. 당신의 자비로 아버지를 이끌어 주소서.

그리고 저에게도 확신을 주소서.
아버지께서 선종하신 후, 당신 품에 온전히 받아들여졌다는 확신을 주소서.

주님,
저의 부족함과 미래에 대한 불확실성, 그리고 주변 상황에 대한 염려들이 밀려와 숨이 막힐 듯합니다. 이 모든 시간이 지나간 후에 마주해야 할 것들까지 미리 걱정하며 두려워하고 있습니다. 이 시련을 통해 제가 배워야 할 것을 온전히 깨달을 수 있도록 주님, 저와 함께 해주소서.

건조한 영혼

걱정과 기도 속에서 시간은 잘도 흘러갔다. 어느덧 삼복더위가 지나고 8월의 끝자락에 접어들고 있다. 그동안 아버지는 두 차례의 입원과 퇴원을 반복하셨고, 몸은 점점 쇠약해져서 이제는 산책하러 나가시려면 휠체어의 도움을 받아야 한다. 부정맥도 심해지셔서 낮에는 간병인의 보살핌을 받기로 했다.

병원 생활을 오래 하다 보면 보호자들끼리 친해진다. 서로의 정보를 나누고, 위로도 받는다. 가끔은 사소한 일로 언쟁이 되기도 하는데, 특별히 창가 자리에 대해서는 서로 차지하고 싶어 했다. 사실 작은 병실에 여러 명이 있고, 서로의 침상을 커튼으로 가려 사생활을 보호하다 보니 답답할 때가 많다. 그런 중에 창가 쪽 병상에 자리가 나면 서로 그곳으로 옮기고 싶어 했다. 창을 통해 세상과 연결도 되고 답답함도 덜었지만, 왠지 더 넓어 보였다.

7년째 암과 투병한다는 앞칸 자매님은 몇 개월째 퇴원도 못하고 창가 병상 붙박이로 있다. 간병인이 돌보고 있었는데, 자녀로 보이는 분이 침통한 표정으로 가끔 왔다 갈 뿐 찾아오는 이가 없었다. 의식이 있을 때는 몸의 고통을 호소하셨다. 주로 약에 취해 주무시는 듯 고요했지만, 아주 가끔 맑은 의식일 때는 오래도록 창밖 하늘을 응시하셨다. 그 시선을 따라 나도 창밖을 바라보다가 조심스레 다가가 여쭈어보았다.

"무슨 생각을 그리 골똘히 하세요?"

"집에, 집에 가고 싶어."

가슴이 먹먹해진다. 오랜 기간 투병하고 계신 분들을 보면 남의 일 같지 않다. 삶의 고달픔이 마음에 사무친다.

주님,

성경에 등장하는 병자들이 떠오릅니다. 열두 해를 하혈한 여인(마르 5,25~34)은 26절 말씀에서 보면 "숱한 고생을 하며 많은 의사의 손에 가진 것을 모두 쏟아부었지만, 아무 효험도 없이 상태만 더 나빠졌다"라고 합니다. 그리고 요한복음 5장에는 베짜타 연못가의 병자가 나오는데, 이 사람은 38년이나 앓고 있었으며 베짜타 연못가에서 치유를 기다립니다.

그들의 가족은 어떠했을까요? 열두 해를 하혈한 여인이 제 어머니라면 제 마음에도 피가 흐르고 지쳤을 것입니다. 38년간이나 앓고 있는 병자가 제 아버지라면 저도 환자가 되어 있었을 것이고요.

지난 4월에 아버지께서 말기 암 진단을 받으신 이래로 지금껏 수없이 많은 감정이 밀려들었습니다. 우선 갑작스러운 말기 암 소식에 충격을 받았고, 이른 새벽 응급실로 실려 가셨다는 전화를 받았을 때는 가슴이 서늘해져 얼어붙었습니다, 유치원에서 자리를 지켜야 할 시간에 병실로 달려와야 했던 순간에는 난감함과 미안함이 교차했었습니다. 아버지께 더 잘 해드려야 하는 줄 알면서도 그러지 못한 날에는 깊이 후회하는 마음에 밤잠을 설치곤 했습니다.

게다가 형제들과의 관계도 쉽지 않습니다. 당번을 정해 아버지를 돌보기로 했지만, 사람의 일이라 교대가 원활하지 않을 때도 있어서 서로에게 얼굴을 붉히기도 했어요. 호스피스 병동 간호사들이 대체로 친절하지만, 때때로 예민한 순간이 있어 눈치를 보며 지내야 할 때도 있습니다.

무엇보다 예수님, …너무나 슬픕니다. 다가오는 아버지와의 이별이 가슴 아프고, 그걸 어느 때는 깜빡 잊고 퉁명스럽게 대하고 있는 저 자신이 미워지기도 합니다. 점점 야위어가는 아버지 앞에서 애써 밝은 얼굴로 "와, 우리 아버지 오늘은 한층 젊어 보이시네!"라고 말해야 하는 순간이 눈물겹도록 가슴 시립니다.

예수님, 어찌 열두 해가 지나서야, 38년이나 지나서야 치유를 해주십니까? 정말 모질고 인색하십니다. 그나마 그들은 당신을 늦게라도 만나 치유를 받았으니 복된 사람들이라고 해야 할까요?

예수님, 성경의 그 날처럼 오늘 저에게 오시어 저희 아버지도 치유해 주시렵니까? 아니, 치유해 주소서! 아버지께서 가보고 싶다는 울릉도도 못 가봤는데, 아버지께서는 이제 걷지를 못하세요. 부정맥으로 수시로 가슴 통증을 호소하시고, 그 심장은 언제 멈출지 예측조차 할 수 없다고 합니다. 아버지께서 병원에서 하는 호강 말고, 진짜 호강시켜 드리고 싶어요. 몇 해 전 큰엄마께서 이스라엘 성지순례 가실 때, 제가 아버지께 드린 약속도 지키고 싶습니다.

"아버지는 제가 성지순례 보내드릴게요. 이스라엘도 가고, 교황님 계신 로마도 가요."

"그려, 그려! 우리 수녀 딸이랑 예수님 사셨던 곳도 가보고 해야지. 그래, 그러자!"

불면의 밤

아버지께서 점점 기력을 잃어가시고, 약 기운에 의식이 없는 날들이 늘어간다. 죽음이 뚜벅뚜벅 다가오는 것만 같다. 그런데 나는 아버지의 임종마저 내 계획 안에 두려 하고 있었다. 하느님의 선한 계획에 온전히 맡기지 못한 채, 내 일정과 충돌할까 봐 불안해하고 조급해했다.

어느덧 2학기가 시작되었다. 유치원에서는 현장학습, 부모 참여 수업, 가족 체육대회 등의 크고 작은 행사 일정이 빼곡하고, 교사 면담과 내년도 신입생 모집 준비도 해야 한다. 수녀원에서도 주어진 역할과 업무로 하루하루가 바쁘다.

달력에 거미줄처럼 촘촘히 일정들이 얽혀 있는 계획들을 보면서 나는 그 사이를 피해 장례가 치러지길 바라고 있었다. '추석에 돌아가시면 어쩌지? 그때는 너무 복잡할 텐데…', '그다음 주는 부모 참여 수업이 있어서 장례를 치르기 어려운데…' 하며 안절부절못했다. 그렇게 나는 아버지께서 선종하실 날마저 내 계획표에 맞추려 했다.

돌아보면, 늘 이런 식이었다. 나는 미리 대비해야 하고, 예측할 수 있어야 안심이 되었다. 내 삶은 언제나 계획을 세우고, 그 계획대로 흘러가야만 평온했다. 그러나 아버지의 임종은 도무지 예측할 수도, 미리 대비할 수도 없는 일이었다. 통증과 부정맥으로 금방이라도 떠나실 것 같다가도 기적처럼 고비를 넘기셨다. 아버지께서 오래 사시는 것이 분명 기쁜 일인데, 내 마음은 복잡하고 무겁기만 했다.

이번 일을 통해 나는 내가 얼마나 많은 것들을 통제하려 애쓰며 살고 있는지를 절실히 깨닫는다. 하루하루를 온전히 맡기지 못한 채, 계획에 의존하며 불안 속에 발을 동동 구르고 있다. 그리고 그 불안함에 떠는 내 모습이 가을바람에 이리저리 흔들리는 나뭇잎 같다.

주님,
저에게 믿음을 주소서. 제 믿음이 부족하오니 도와주십시오.

모든 것이 당신 손안에 있음을 고백하게 하소서.

아버지의 마지막 순간도, 제 삶의 모든 계획도 결국 당신의 뜻 안에서 이루어진다는 것을 온전히 받아들일 수 있도록 이끌어 주소서.

효녀가 되고 싶어서

오늘 유치원 행사로 부모 참여 수업이 있었다. 학부모님들을 모시고 오전과 오후로 나누어 유아들과 수업을 진행했다. 워낙 선생님들이 꼼꼼히 준비를 잘해서 학부모님들 모두가 만족하고 돌아가셨다. 유치원에서 자녀들이 어떻게 지내고 있는지를 직접 참여하며 확인하니 안심된다고 한목소리로 말씀하신다. 유치원에 더욱 신뢰가 가신다고도 하셔서 원장으로서 흐뭇했다.

행사를 마치고 나니 그제야 피곤이 밀려온다. 오늘은 그냥 쉬고 싶다. 그러나 행사 준비로 지난주 내내 야근하느라 한 번도 못 찾아뵌 아버지. 오늘은 그냥 넘어갈 수 없었다. 내가 밤 당번인 날이기도 하고, 간병인이 일이 있어 일찍 들어가야 한다고 했다. 간병인 구하기도 너무 어려운 터라, 편의를 봐주며 잘 지내야만 한다.

그런데 쉽게 걸음이 떼어지지 않는다. 요즘 들어 병원 보조 침대에서 쪽잠을 자는 것이 힘들다. 더구나 수도복을 입은 채로 자다 보니 불편하기 그지없었다. 이런저런 생각으로 미적대는 사이에 아버지로부터 몇 번의 전화가 왔었다.

"왜 안 와? 어디 아프냐?"

수녀 딸 걱정하는 아버지의 목소리에 순간 뭉클해진다. 걱정이 담긴 아버지의 목소리를 내가 언제까지 들을 수 있을까?

"아버지, 안 아파요. 아버지가 계셔서 저는 하나도 안 아파요. 금방 갈게요."

천근만근 몸을 이끌고 병원으로 달려간다.

"왔어!"

아버지께서 나를 보자 환하게 웃으신다. 순간 나는 행복한 얼굴로 변신해 목소리를 높인다.

"아버지, 보고 싶었어요."

하지만 그렇게 감추려 한들 몸에 달라붙은 그간의 피로가 사라지는 것은 아니다. 눈치도 없이 옆에 있던 간병인이 말한다.

"오늘은 수녀님이 더 피곤해 보이시네요. 수녀님이 침대에 누워야겠어요. 아버님보다 수녀님이 환자 같아요."

"아, 아니에요. 아버지 뵈니 힘이 솟는걸요. 오늘 산책 다녀오셨나요? 제가 모시고 다녀올게요."

간병인을 보내고, 아버지를 휠체어에 모시고 병실 밖으로 나왔다. 지나가던 간호사가 아버지와 나를 보더니 반갑게 인사한다.

"어르신, 기다리던 수녀님 오셔서 오늘은 표정이 좋으시네요."

복도를 지나 엘리베이터를 타고 1층으로 내려오면 넓은 병원 로비가 나온다. 병실보다 넓은 공간이어도 실내는 답답해하신다. 조금 지나 자동문을 통과하면 우면산 자락의 공기가 "훅" 하고 들어온다.

"아버지, 밤공기가 좋지요?"

크게 심호흡하며 아버지도 고개를 끄덕이신다. 휠체어에 앉으신 아버지를 옆에서 뵈니 그새 더 야위신 것 같다. 마음이 애잔해 온다. 피곤으로 온몸을 두들겨 맞은 듯한 내 몸의 근육통이 문제가 아니었다. 아버지께서 나에게 손을 내밀며 부르신다.

"인숙아, 우리 효경 수녀님."

앙상하지만 따뜻한 아버지의 두 손이 나의 손을 잡는다. 검버섯이 핀 아버지의 손, 이 손으로 나를 키우셨는데…

"예, 아버지. 추우세요? 들어갈까요?"

"사랑한다. 딸로도 사랑하고, 수녀로도 사랑한다."

아버지의 사랑 고백에 가슴이 저며온다. 그래도 아프신 아버지 앞에서는 울 수 없었다.

"아버지, 저도요. 아버지 사랑해요. 아버지를 존경하고 사랑해요."

말을 마치며 아버지를 꼭 안아드렸다. 한순간 푹 꺼질 것만 같은 아버지의 야윈 몸! 그 순간 꾹 참았던 눈물이 툭 터진다. 어둠이 내 슬픔을 숨겨주었다.

주님,
후회를 남기고 싶지 않았습니다.
'긴 병에 효자 없다'라는 말이 있지만, 그 느슨함에 빠지지 않으려고 더 애썼고,
언제 떠나실지 모를 아버지를 생각하며 늘 마음을 조이며 지냈습니다.

병실 사람들, 봉사자들, 간호사들에게 인정받고 칭찬받고 싶었습니다.
'수도자라 역시 다르다'라는 말, '정말 아버지를 잘 모신다'라는 말을 듣고 싶었고,
'효녀'라는 감동을 주고 싶은 마음도 있었습니다.

그런데 주님… 부끄럽습니다.
아버지의 깊고 진실한 사랑 앞에서 저 자신을 돌아보게 됩니다.
제가 했던 모든 것, 정말 사랑이었을까요?
진심으로 아버지를 사랑해서였을까요, 아니면 사랑받고 싶은 저의 욕심이었을까요?

아버지를 돌보면서도 저는 여전히 남들의 시선을 의식하고, 인정받기를 바라고 있었습니다.

그리고 이제야 깨닫습니다.
사랑은 평가받는 것이 아니며,
진정한 사랑은 그 순간, 있는 그대로 마음을 다해 머무는 것임을 알게 됩니다.

주님,
제가 사랑한다고 말했던 그 순간들이 저의 욕심이 아니라,
아버지를 향한 진실한 사랑이 되게 해주소서.
남은 시간이 얼마 없다면, 그 남은 시간만이라도
제 안의 불안과 욕심을 내려놓고
그저 사랑하는 딸로, 기도하는 수도자로 아버지 곁에 머물게 해주소서.

아버지의 손을 잡고 함께하는 이 시간이
주님께서 제게 허락하신 가장 귀한 은총임을
온전히 받아들이게 해주소서.

말은 언제나 마음보다

 간병인이 휴가를 간 날에 내가 아버지 곁에서 밤 당번을 했다. 좁은 보호자 침대에서 자는 둥 마는 둥 밤을 지새우고는 아침에 커피를 사러 나왔다. 그런데 늘 가던 카페 문이 닫혀 있다. 커피 한잔 사기 위해 이리저리 왔다 갔다 해야만 했다.
 그날 아침부터 일이 꼬인다 싶더니, 결국 교대하러 오기로 한 동생이 아무런 연락도 없이 늦는다. 루시아를 기다리다 지쳐 화가 폭발하고 말았다. 10분 정도는 '그럴 수 있지' 하다가 20분이 넘으면서부터는 '무슨 일이 있나?' 하는 걱정이 일면서 1분 1초가 더디게 흘렀다. 그런데 문자를 넣어도 답장이 없다. 30분이 넘고 전화마저 안 받으면서 인내심에 한계를 느낀다.
 그동안 동생은 자주 시간보다 늦게 도착했다. 늘 제시간보다 일찍 도착하는 것을 선호하고, 미리 준비하고 대비하는 나에게 이런 동생의 지각은 도전이었다. 동생의 성격을 알기에 그러려니 하는데도 그날은 '그러려니'가 안 되었다. 밤잠도 설친데다가 아버지의 임종이 얼마 안 남은 듯하여 몹시 심란해져 있었다.

사실 그동안 아버지를 병간호하며 형제간에 늘 마음이 잘 맞고 다정했던 것만은 아니었다. 서로 얼마 안 남은 아버지의 마지막을 잘 보살펴 드리고자 하는 데에는 일치했다. 하지만 현실에 부딪혀서는 시간이 서로 안 맞거나, 의견이 다르거나, 병원비와 간병인 비용에 대한 부분에서는 예민해질 수밖에 없었다. 더구나 나는 수도자로서 경제적인 도움을 줄 수 없는 처지였다. 그러니 시간이라도 많이 내어 내 몫을 감당하고자 했지만, 그도 쉬운 일은 아니었다.

나는 가족을 떠나 수도 생활을 하는 수도자였다. "삶의 안정이나 인연을 떠나 오직 하느님께만 뿌리를 내리려고 한다."(툿찡포교베네딕도수녀회 회헌 제2장 서원 2항) 성경에도 "누구든지 나에게 오면서 자기 아버지와 어머니, 아내와 자녀, 형제와 자매, 심지어 자기 목숨까지 미워하지 않으면 내 제자가 될 수 없다. 누구든지 제 십자가를 짊어지고 내 뒤를 따라오지 않는 사람은 내 제자가 될 수 없다." (루가 14,26~27) 이런 말씀 앞에서 내적 갈등이 일었다. 그래도 수녀회에서 많이 배려해 주셨다. 어느 정도 경제적인 후원도 해주셨다. 유치원 선생님들도 이해해 주어서 시간을 낼 수는 있었지만, 내심으론 다른 형제들이 좀 더 적극적으로 나서서 아버지 병간호를 해주기 바라는 마음과 기대가 컸다. 어디까지가 자녀로서 아버지에게 최선을 다하는 것인지, 어디까지만 하고 돌아서야 수도자다운 것인지 헷갈리고 고민이 되었다.

이런 복잡한 심경이었는데, 이미 '늦게 도착했다'라는 것과 그로 인해 내 일정이 어그러지고 있었기에 헐레벌떡 뛰어온 동생에게 감정이 폭발하고 말았다. 미안해하는 동생 앞에서 해서는 안 되는 말들, 다시 말해 "항상 그래", "늘 이런 식이야"라는 말과 함께 내 안에 있던 혼란과 짜증, 분노를 쏟아냈다.

금방 후회의 마음이 일었지만 이미 엎질러진 물! 걸음을 옮겨 병원 본관 성당에서 소리 죽여 울었다. 서러웠다. 고장 난 수도꼭지마냥 눈물이 줄줄 흘렀다. 미안해하는 동생에게 화를 냈다는 자책과, 내 감정을 다스리지 못하고 거칠게 행동한 것이 후회되었다. 우울하고 앞날이 암담했다. 아버지보다 내가 지쳐서 먼저 죽을 것 같은 심정이었다.

그때 고요한 성당 안에 햇살이 퍼지며 내 손 위에 머무른다. 순간 또 눈물이 터진다.

하느님,
저는 좋은 사람이 되고 싶습니다.
아버지에게는 다정한 딸이고 싶고, 형제들에게는 착한 동생, 따뜻한 수녀 언니이고 싶어요.

그리고 하느님 안에 머물며, 그리스도의 향기를 지닌 참된 수도자로 살아가고 싶습니다.

가족들 안에서 저는 가족이기도 하지만, 동시에 기도하는 수도자이기에 늘 행동을 더 조심하게 됩니다. '모범이 되어야 한다'라는 생각이 마음 한편에 자리하고 있는 거지요.

주님, 저의 부족함과 약함을 받아주소서.

'되어야 한다고 생각하는 나'와 '현실의 나' 사이의 이 틈새를 메꾸어 주소서.

그리고 저의 사랑하는 아버지와 제 가족들을 당신 손길로 돌보아 주소서!

마음의 오지

아버지께서 부정맥으로 자주 답답함과 가슴 통증을 호소하신다. 게다가 말기 뼈암의 고통은 온몸의 뼈 마디마디를 쥐어짜듯 아버지를 괴롭혔다. 그럼에도 불구하고 아버지는 연신 병실 밖으로 나가려고 하셨다.

"답답해… 가슴이 너무 답답하다고!"

아버지의 고통을 생각하면 뭐든 언제든지 해 드리고 싶었다. 하지만 아버지를 침대에서 휠체어로 옮기는 일은 나 혼자서는 감당하기 어려웠다. 간병인이나 다른 사람이 함께 있어야 겨우 가능했다. 그런데 늘 원하는 순간에 누군가 곁에 있는 것은 아니었다.

그런 사정을 모르시는 아버지께서는 버적버적 침대에서 내려가시며 무작정 나가자고 하셨다. 설득도 통하지 않고, 기다리는 것도 어려워하셨다. 마치 어린아이가 되어 가시는 듯했다. '이 분이 정말 우리 아버지가 맞나?' 하는 생각마저 들었다.

그런데 오늘은 아버지께서 나를 못 알아보신다. 서운하다. 그토록 반갑게 맞이해 주시던 아버지셨는데, 초점 없이 무심히 바라보시기만 한다.

"아버지, 아버지 딸, 수녀예요."

내가 살갑게 말하며 눈을 맞추어도 아버지는 여전히 나를 못 알아보신다. '누구지? 누가 나를 아버지라고 하나?' 하는 눈빛이었다. 그런데 혈압을 측정하러 온 간호사를 향해서는 반갑게 웃으신다.

세상에! 기가 막혔다. 딸은 못 알아보시면서 간호사에게는 온화하게 웃기까지 하시다니. 슬쩍 화가 났다. 애써 간호사 앞에서는 표정 관리를 했지만, 너무 서운했다. 그러다가 문득 무섭다는 생각이 들었다. 아버지께서는 이렇게 기억을 잃어가시면서 결국 임종하시는 걸까?

생의 마지막에 가족도 못 알아보는 것은 너무나 슬프다. 아버지는 의식이 맑을 때 당신 삶을 잘 마무리하셨을까? 나는 아버지께 하고 싶은 말을 다 했던가? 그런 생각에 마음이 조급해졌다.

가만히 생각해 보면, 그때 내 가장 큰 부족함은 온전히 깨어있지 못하다는 것이다. 유치원에서도, 수녀원에서도 나는 분명 배려받고 이해받고 있었다. 그런데도 그 은혜에 머물며 감사하기보다는

'언제까지 이들이 나를 참아줄까?' 하는 불안 속에서 이 시간이 빨리 끝나기만을 바라고 있었다. 혹여 그들이 더는 못 참고 불평하기 전에 이 상황들이 나아지기를 노심초사하고 있었다. 나의 시선은 이 모든 것을 섭리하시는 하느님께 향하지 못하고, 오히려 '사람들이 나를 어떻게 볼까'를 걱정하며 위축되어 가고 있었다.

그러다 보니, 어느 순간 나는 아버지께서 평안히 선종하시길 기도하게 되었다. 참으로 가슴 아픈 기도였다. 병원 생활이 길어지면서 몸과 마음이 지치고 힘겨워지자, 나도 모르게 초조함이 자꾸 밀려왔다. 이런 마음이 올라올 때마다 자식 된 마음으로, 수도자로서 부끄럽고 송구스러웠다.

간병의 고달픔과 경제적인 불안에 눈이 멀어서 주변 사람들이 보내는 격려와 지지, 따뜻한 기도를 보지 못하고 있었다. 점점 주변을 돌아볼 여유도 잃어가고, 두려움만 커져갔다. 아버지께서 평온히 주님 품으로 가실 수 있도록 돕고자 했던 그 첫 마음마저 어느새 희미해지고 있었다.

주님, 자비를 베푸소서.
당신의 자녀가 이렇나이다.
이 지치고 모자란 마음 위에 주님의 자비를 덮어주소서.
아버지를 돌보며 제 안의 어두움과 연약함도 함께 마주합니다.
부족한 저에게 자비를 베푸소서. 자비를!

수녀의 외도

공동 기도에도 자주 빠지고, 가끔씩 병원 밤 당번으로 본의 아니게 외박하는 나의 외도 생활이 어느덧 6개월째로 접어들고 있다. 그러다 보니 유치원을 원감에게 맡기고 전화로 업무를 보며, 병원에서 돌아와 남은 일 처리를 하곤 했다.

아버지께서 말기 암 판정을 받은 것은 생명이 움트는 봄, 4월이었다. 어버이날 카네이션 꽃바구니를 사며 이것도 올해가 마지막이구나 하는 생각에 손이 떨렸었지. 그저 황당하기만 해서 허둥대던 5월이 가고, 조금씩 마음을 추스르고 대책을 마련하던 6월도 지나가고…

갑작스러운 열로 응급실에서 사경을 헤매다 깨어나신 7월부터 병원 생활이 시작되었다. 심장도 약하신지라 금방이라도 우리 곁을 떠나실까 봐 노심초사 매일 병원을 드나들며 나의 외도는 깊어져만 갔다.

수도 생활, 소위 '출가'를 하면서 늘 일정한 거리 밖에 있던 가족들도 거의 매일 만나고 있다. 의사, 간호사, 간병인 그리고 병실에서 만나는 새로운 일상과 죽음에 익숙해지고 있다. 그렇게 여름은 뜨거웠고, 서서히 쇠약해지시는 아버지 곁에서 나의 갈등과 시름은 커져만 간다.

어머니를 3년 전 임종도 못 지키고 갑자기 떠나보낸 놀람은 아버지의 임종만은 꼭 지키리라는 다짐이 되고, 소원이 되어 더 아버지 곁을 떠날 수가 없었다. 그래서 더 내 자리(유치원과 수녀원)와 내 역할(유치원장, 수녀)에 충실하지 못했고, 주변 사람들에게 피해와 불편함을 주고 있는지도 모른다는 생각이 마음을 짓눌러왔다.

수도자가 너무 가족 일에 개입한다는 눈총과 번번이 자리를 비우고 양해를 구해야 하는 일터의 상황은, 다들 내 일인 양 한마음으로 잘해주시고 격려해 주시는데도 자꾸만 스스로를 위축되게 함으로써 수도공동체 안에서 눈치를 보게 된다.

너무 멀리 와버린 것 같은 이 외도의 의미는 무엇일까? 하나의 어려움이 지나면 다른 시련이 떠오르기에 나는 지금 익숙해진 아버지와의 병상 생활을 붙잡고 있는지도 모른다. 나는 이 모든 과정에서 하느님을 만나고 있는가? 나는 하느님의 뜻 안에 머무르고 있는가?

딸로서의 나, 그리고 수도자의 역할, 언니의 역할! 지금은 나에게 요구되는 여러 가지 역할의 압박이 제일 힘들다. 몸은 하나인데 이것도 해야 하고, 저것도 해내야 한다. 어느 것 하나 만만한 것이 없다. 터질 것만 같다. 그럼에도 나는 오늘도 아버지의 병실로 향하며 기도한다.

하느님,
요즘 제 곁에는 죽음이 무척 가까이 있습니다.
호스피스 병동에 입원하신 아버지와 동행하며, 여러 아픔과 죽음을 봅니다.
이번 주만 해도 건너편 아주머니가 힘들게 투병하시다가 임종하셨어요. 그렇게 못 주무시고 못 드시던 앞칸 아저씨는 아직 50대 초반의 나이이신데, 오늘 임종실로 옮기셨고요.
제 마음이 심란한 만큼 그를 지켜보는 아버지 마음도 편치 않으실 텐데, 아버지는 덤덤히 아무 말씀이 없으십니다.

주님,
부디 아버지를 편히 모시고, 사랑의 마음으로 최선을 다하되 그 나머지는 모두 하느님 당신께 맡기게 하소서. 당신께 온전히 의탁하게 하소서.

제 주변의 모든 이들을 부디 축복하소서.

아버지의 발

아버지를 목욕시키러 봉사자들이 오셨다.

"아버지, 개운하게 목욕해요."

약 기운에 계속 주무시기만 하는 아버지께서 겨우 눈을 뜨신다.

"이분들이 아버지 목욕시켜 드린다고 해요. 좋으시죠?"

누워계신 아버지의 병상을 봉사자분들과 함께 목욕실로 이동시켰다.

봉사자분들이 익숙한 몸놀림으로 장화를 신고 비닐 앞치마를 하시며, 내게도 장화와 앞치마를 건네신다. 서로 힘을 합쳐 아버지를 침대 시트째로 목욕실 침대로 옮긴 후에, 침대 시트를 빼냈다.

목욕실 침대 위의 뼈만 남은 아버지의 몸은, 삶에서 불필요한 것들을 모두 발라내고 굵은 선만을 간직한 채 신께로 돌아갈 준비를 하는 듯 간결했다.

봉사자분들의 손발이 노련하게 움직인다. 먼저, 손으로 적정한 물 온도를 확인한 후, 샤워기로 아버지의 몸을 천천히 씻는다. 움푹 팬 볼우물, 쇄골에 물이 고인다. 그만큼 아버지는 마르셨다. 봉사자분들이 아버지의 둘레에 서서 각자가 맡은 아버지의 몸 부위를 정성껏 비누칠하고 닦아드린다.

나는 아버지 발치에 서서 아버지의 발을 닦았다. 아버지의 발, 앙상하고 하얀 발은 고목의 뿌리 같다. 발가락 사이사이 비누칠하고 발바닥을 간질간질해 보았다. 감각이 무뎌지신 듯 반응이 없으시다. 누워계신 아버지 쇄골에는 물이 고이고, 내 마음에는 눈물이 고인다.

발에는 그 사람이 걸어온 삶의 여정이 담겨 있다. 아버지의 발자취, 태어나 걸음마를 시작하고 혼자 걷고 뛰기까지의 역사가 발에 새겨지고, 삶을 버티고 지탱하느라 애써온 흔적들이 고스란히 묻어있는 발… 봄처럼 태어나 가정을 꾸미고, 아이들이 자라고 커가는 여름날을 지나, 각자의 인생을 찾아 떠나는 가을 낙엽길 돌아 겨울에 들어서신 내 아버지의 발!

골목 골목을 누비며 발품 팔아 자식들을 위해 자전거 페달을 힘차게 돌리던 아버지의 발은 겨울이면 동상에 걸리고, 여름이면

긴 장화 속에서 부르트곤 했다. 사느라 짊어진 빚과 가장이라는 무게를 지탱해 준 발, 감당 못해 휘청거린 암담했던 날도 굳건히 버텨 준 아버지의 발이 거룩해 보인다.

발은 고단한 삶의 무게를 감당하는 인간의 밑바닥이다. 굳은살이 생기고 뒤꿈치가 갈라져 피가 나도 아무도 알아채지 못한다. 발톱이 시커멓게 변하고 발톱이 빠지도록 힘겨운 날들이어도 묵묵히 '걷자' 하면 걷고, '뛰자' 하면 뛴다. 발이 있기에 땅을 딛고 설 수 있고, 걸을 수 있고, 달릴 수 있다.

신께서 인간에게 주신 신체 중에 가장 낮은 자리에서 성실하고 충실하다고 할 수 있는 발. 그래서 죽음을 앞둔 예수님도 손수 허리를 굽혀 제자들의 발을 씻어주신 것일까? 타인의 발을 씻어주는 것은 그만큼 상대의 밑바닥까지도 있는 그대로 받아들이겠다는 의지의 행위이며, 땀에 절어 냄새나고 볼품없어도 사랑한다는 고백인지도 모른다.

모래바람 부는 인생길에서 내 발을 씻어주신 분은 예수님 그리고 아버지이시다. 아버지는 나의 발이 되어 길러주셨고, 잘 설 수 있도록 신앙으로 받쳐주셨다. 세상으로 나아갈 수 있도록 발판이 되어 주셨으니 아버지의 발은 나의 날개다. 양말에 싸이고 신발에 가려 빛도 못 보지만, 보이지 않는 나무의 뿌리처럼 삶의 동력이 되어 앞으로 나아가게 했다.

목욕하고, 침대 시트도 바꾸고, 환자복도 새로 갈아입으신 아버지의 얼굴이 오랜만에 빨갛게 상기되었다. 이대로 쾌차하여 일어나셨으면 좋으련만…
"아버지, 목욕하고 나니 젊어지셨네."
아버지께서 희미하게 웃으신다. 기운이 없으시다. 하지만 이제 아버지의 발은 날개가 되어 하느님께로 날아가려 하고 있다.

세상이 잠든 동안

유난히 푸르던 10월의 하늘에도 어둠의 커튼이 드리워지고, 밤은 고통마저 잠재운 듯 병실 안은 잠시 고요하다. 그 정적 속에서 이제는 곡기마저 끊고 수액에 의지해 누워 계신 아버지의 얼굴을 가만히 바라본다.

아버지… 아버지의 존재감이 가슴 깊이 밀려듭니다.

아버지, 당신이 계셔서 제가 이 세상을 보고 느끼며 살아갈 수 있었습니다. 그 모든 순간에 깊은 감사를 올립니다.

아버지 삶에 후회되는 것 있으신지 여쭈어본 적이 있었지요, 그때 아버지께서는 어린 저희를 데리고 놀러 다니지 못한 일이 가장 마음에 남는다고 하셨어요. 한 남자로서 인생의 포부와 이루지 못한 꿈에 대해 말씀하시는 것이 아니라, 가장으로서 함께 하지 못했던 시간을 후회하고 계셨어요. 못다 준 사랑만을 기억하는 부모님의 큰 사랑에 숙연해집니다.

"가족끼리 그 흔한 짜장면집 외식 한번 못했어…"

그렇게 말씀하시는 눈빛에서 가장으로서의 무게감이 느껴집니다. 그 무게가 우리 가족의 중심이 되어 주었기에 감사합니다.

어느 때 제일 힘드셨는지를 여쭈었을 때, 할머니 돌아가셨을 때를 회상하시며 젖은 목소리로 말씀해 주셨지요.

"어머니가 갑자기 돌아가셔서 많이 놀랐지. 그래도 형들이 있어서 다행이었어."

제가 태어나기도 전에 돌아가셔서 한 번도 뵙지 못한 할머니. 아버지 같은 어른이 되어서도 어머니를 그리워하며 목이 메시는구나! 부모란 자녀에게 그렇게 늘 그리움에 사무치는 존재이구나! 아버지, 좀 더 오래오래 저희 곁에 머물러 주세요.

주님,

죽은 이들은 모두 어디로 가는 것일까요?

할머니, 어디에 계세요? 엄마, 어디 계세요? 이제 곧 아버지도 할머니 계신 곳으로 갑니다. 어머니 계신 곳으로 가세요. 어제는 마침 정신이 맑으실 때 신부님이 오시어 병자성사[†]도 받으셨어요. 요사이는 계속 섬망이 심하셔서 대화도 잘 안 되었거든요. 전혀 식사도 못 하셔서 수액으로 버티고 계시고요. 다가오는 이별이 서럽습니다.

저는 아버지께 정말 최선을 다한 걸까요?
아버지께서 외롭지 않은 죽음, 잘 준비된 행복한 죽음을 맞이하고 계신 걸까요?
아직 가슴에 남아 있는 말들이 있다면, 풀지 못한 마음이 있으시다면 어쩌지요?
주님, 그러면 어쩌지요?
이 불효를 용서하소서.
제 모든 부족함과 모르는 잘못까지도 용서하여 주소서.
주님, 자비를 베푸소서.

† 가톨릭교회의 일곱 성사 가운데 하나. 병자나 죽을 위험에 처해 있는 환자가 받는 성사. 환자가 고통을 덜고 구원을 얻도록 하느님의 자비에 맡기는 성사이다.

2부

내 속에 이렇게 많은
울음과 눈물이

"인생이 허기질 때 바다로 가라"는 말을 떠올리며 아버지와 함께 갔던
부산 해운대에 혼자 갔었어요. 그때 아버지께서 수평선을 바라보시며
"가슴이 뻥 뚫린다" 하시던 모습, 그 목소리가 바닷가에 남아 있을 것만 같았거든요.
그날 혼자 해운대에 서서 허기진 배에 꾸역꾸역 파도를 먹고 왔어요.
그리움을 팔아 수평선을 담고 살아갈 힘을 얻어 왔습니다. 잘살아 볼게요.
하늘에서 내려다보시며 가끔 햇살로 오세요!

빛을 향해 가세요

내가 간병인으로부터 전화를 받은 것은 10월 12일 토요일 새벽 4시경이었다.

"아버님께서 임종실로 이동하셨어요."

순간 정적이 흐르면서 언어는 사라지고 내 심장 소리에 고막이 터질 것 같았다. 전화기에서 다시 "여보세요?" 하는 간병인의 목소리가 들렸다. 그제야 정신을 차리고 짧게 "예" 하고는 빠르게 움직였다.

어쩌면 며칠을 비울 수도 있다는 생각에 이것저것 검은 옷가지들을 가방에 챙겨 넣었다. 그러면서 다른 손으로는 형제들에게 전화를 걸었다.

"아버지께서 임종실로 이동하셨대…"

형제들의 대답도 역시 짧았고, 거친 숨소리가 이어져 들릴 뿐이었다.

"병원에서 보자."

10월의 이른 새벽, 택시를 어렵게 잡아탔다,

그제야 온갖 생각들이 밀려들었다. 택시는 나 혼자 타고 가는데, 택시 안에 수많은 사람이 타고 있는 듯 마음이 시끄러웠다. 입안이 바짝바짝 타들어 갔다.

"아버지, 우리 보고 가셔야 해요."

간절한 마음에 기도가 절로 나왔다.

시간이 흐르면서 차츰 손에 힘이 들어갔다. 그러면서도 불경스럽게 '왜 하필 오늘이지?' 하는 생각도 들었다. 내일이 유치원 체육대회인데 어쩌지… 그러다가 어느 순간에는 '도대체 내가 제정신인가? 아버지께서 임종하실지도 모르는 순간에도 일을 생각하다니…' 하며 스스로를 자책하고 있었다.

내가 이곳 유치원에 원장으로 부임한 것이 3월이었다. 그리곤 5월부터 아버지 병간호로 자리를 자주 비웠기에 체육대회만큼은 잘 해내고 싶었다. 유치원 아이들과 가족들의 단합도 중요했고, 함께 준비한 교사들의 사기도 소중했다. 그런 만큼 모두가 신명 나는 유치원 축제를 만들고 싶었다.

'아, 어찌 이리 인생이 계획대로 되지 않는지… 유치원 아이들이 아빠 엄마와 즐겁게 체육대회를 하는 순간에 나는 아버지를 떠나보내야 한단 말인가!'

마음 한편으론 이번에 내가 형제들에게 중요한 일을 알릴 수 있어서 다행이라는 생각이 들었다. 가족을 떠나온 수도자이다 보니 엄마가 아프셨을 때나 선종하셨을 때도, 아버지 말기 암 진단 결과도 동생한테서 들었다.
아버지는 내가 집안의 대소사로 수도 생활에 집중하지 못할까 봐 염려하셨었다. 그러기에 오빠나 동생들은 말없이 가족의 짐을 대신 져주고 있었다. 그것이 내게는 고마우면서도 맏딸 노릇, 언니 역할을 못 하는 것 같아 미안했었다.

호스피스 병동 입구에서 마침 제부와 동생을 만났다. 동생이 울먹인다. 임종실, 아버지께서 의식 없이 숨만 몰아쉬고 계셨다. 간호사가 우리 가족에게 아버지와 마지막 인사를 나누라며 간병인과 밖으로 나갔다. 오빠와 나, 제부와 두 여동생이 아버지 둘레에 섰다. 오빠가 먼저 아버지와 이별 인사를 했다.
그리고 내 차례. 팽팽한 긴장 탓일까? 울음이 목을 누르고, 뼈근한 눈에서는 눈물이 말라 갔다. 이것이 이승에서의 마지막 대화라는 말인가? 무슨 말씀을 드려야 할까? 어려서 옹알이할 때부터

이날까지 무수한 대화를 아버지와 나누었는데, 마지막 인사는 어떻게 하는 것일까?

먼저 아버지의 손을 잡았다. 따뜻했다. 아버지의 얼굴도 조심스레 만져보았다. 뼈만 앙상한 우리 아버지 얼굴… 복받쳐 오르는 감정을 애써 억누르며 우선 아버지께 감사의 인사를 전했다.

"아버지, 감사합니다. 사랑합니다. 그리고 미안했어요. 간호하면서 서운하게 해 드린 거, 화낸 거, 철없이 제 계획대로 아버지 돌아가실 날짜까지 조정하려고 했던 것들, 정말 죄송했습니다… 용서하세요! 아버지, 많이 보고 싶을 거예요. 저희 걱정하지 마시고… 아버지, 빛을 향해 가세요. 빛을 향해 나아가세요!"

형제들이 돌아가면서 인사를 하고 아버지의 선종을 위해 묵주기도 5단을 소리 내어 기도했다. 아버지께서 편안하게 자식들의 기도 속에 선종하시도록 마음 모아 기도했고, 평소 좋아하시던 성가도 불렀다. 그렇게 창밖이 밝아오도록 아버지 둘레에 서서 기도했다.

그때 아버지는 어떤 마음이었을까? 비록 고요히 주무시고 계시는 듯 반응은 없었지만, 우리가 마지막으로 아버지께 드린 사랑 고백을 듣고 계셨을 것이다. 그때마다 당신도 우리 형제들 한 사람 한 사람에게 축복을 주고 계셨으리라.

아마 나에게는 이런 말씀을 하지 않으셨을까.

"인숙아, 우리 수녀님! 괜찮아. 아무것도 미안해하지 않아도 돼. 서운한 것 하나도 없어. 수고 많았다. 애썼어. 우리 큰딸, 사랑해. 딸로도 사랑하고, 수녀로도 사랑한다. 수도 생활 끝까지 아름답게 하고, 천국에서 만나자. 울지 말고…"

이생에 다 못한 숙제가 남으셨던가. 아버지는 우리 곁에 더 머물고 싶으셨던지 그날을 더 버티셨다. 그 와중에도 나는 유치원 체육대회를 걱정하고 있었다.

다행이라고 해야 할까? 유치원 체육대회를 무사히 마칠 수 있을 것인가? 체육대회 중에 돌아가시면 어쩌나? 그렇게 죽음을 앞둔 아버지의 시간이 아닌, 내 앞에 닥친 일들을 중심으로 해석하고 있음에 죄책감이 들었다.

그날 '괜찮을 것 같다'라는 의사의 말도 있고 해서 형제들은 당번을 정해 한 사람만 남기로 하고 각자의 집으로 돌아갔다. 그리고 다음 날에는 여동생이 아버지 곁을 지키기로 했다.

13일 일요일. 체육대회 시작 전에 동생과 통화했다. 아버지의 상태에 대해 듣고, 임종을 지킬 수 있도록 미리 연락해 주기로 약속을 받았다.

체육대회는 아버지와의 이별을 앞둔 내 심사와는 달리 모든 일정과 분위기가 좋았다. 아이들과 학부모님들 그리고 선생님들까지 한마음이 되어 적극적으로 참여해 주었다. 사회자의 유머와 매끄러운 진행은 모두의 마음에서 기쁨과 흥을 뽑아내고 있었다. 아버지의 일도 잠시 잊고 내 마음도 좋았다. 아빠 엄마 손을 잡고 깡충깡충 뛰며 신나하는 아이들, 눈 마주치며 어깨가 들썩이도록 웃는 부모님들, 손뼉 치며 재미있어하는 교사들, 모두가 행복해하는 모습이 참 좋았다.

체육대회를 마치고 동생에게 전화하니, 아버지 상태도 좋다며 천천히 오란다. 마음이 놓이고 모든 것이 감사했다. 그러면서도 뒤풀이 장소에는 가지 말고 아버지께로 갈까 하는 생각이 들었지만, 원장이라는 직책상 체육대회를 안전하게 마친 진행팀과 교사들을 격려하고 싶었다. 그래서 일찍 나오려는 계획으로 함께 이동했다.

교사들에게는 아버지께서 임종실에 계신 상황을 이야기하지 않았기에 내 마음만 무거웠다. 회식을 시작하면서도 동생과 짧게 통화하니, 회진 의사도 '오늘 밤은 넘기실 것 같다'라고 했단다. 맘이 편해졌다. 수고한 선생님들과 진행팀에게 박수를 보내고 가벼운 마음으로 식사를 했다. 체육대회를 잘 마친 즐거움에 서로를 칭찬하는 말들과 웃음이 오가는 사이로 내 핸드폰이 다시 울렸다.

"언니, 아버지께서 곧 임종하실 것 같아…"

"뭐? 임종?"

이게 무슨 말이지? 순간 모든 것이 정지했다. 내가 뭘 잘못했지? '뒤돌아보지 말고 가라'는 천사의 명을 어겨 그 자리에서 소금

기둥이 된 성경의 여인처럼 나는 그 자리에 얼어붙어 마비되는 듯했다. 딸로도 잘못했고, 수녀로도 잘못한 거야. 자책감이 올라왔다. 임종을 지키기로 약속했고, 아버지도 그런다고 했는데…, 그 아버지께서 지금 임종 중이시란다.

'임종'이 무엇인가? 아버지께서 죽음을 맞이하고 계시는데, 나는 지금 무엇을 하고 있었지? 사랑하는 사람들끼리는 텔레파시가 통한다는데, 나는 왜 사랑하는 아버지의 마지막 숨결을 알아차리지 못했나? 거짓이었다. 내가 아버지를 사랑한다는 말은 거짓말이었다. 그래서 벌을 받는 것이다. 이 세상 떠나시는 아버지의 마지막을 지키지 못하는 형벌을 받는 것이었다.

하느님, 우리 아버지 데려가실 건가요? 아직 인사도 못 했고, 저는 엄마 임종도 못 지켰다고요. 왜 그리 인색하세요? 아버지 임종만이라도 지키게 해달라고 그렇게나 기도했는데… 이러면 안 되잖아요!

아버지는 내가 택시 타고 가는 동안 선종하셨다. 기도하러 오신 선배 수녀님께서 "아버지가 수녀님을 많이 사랑하셔서 체육대회 끝나기까지 기다리셨나 보네"라고 말씀하신다. 그 말씀이 아버지의 임종을 지키지 못해 아쉬워하는 내 마음에 위로가 되었다. 유치원 체육대회를 잘 치르고 싶은 딸 수녀의 마음을 아시는 아버지, 유치원생들과 가족들을 축복하시며 마지막 숨을 꼭 붙잡고 계셨을 우리 아버지! 그런 아버지의 간절함에 죽음의 천사도 더는 재촉하지 못하고 머뭇거렸으리라.

아버지,
유치원 체육대회 잘 마쳤어요. 아버지 기도 덕분에 잘 끝났습니다. 조금만 더 기다려 주시지, 제가 가고 있었는데… 정말 마지막으로 한 번 더 뵙고 싶었어요. 사랑하는 이의 임종을 지키는 것도 특별한 은총인가 봅니다. 저에게는 허락되지 않았지만, 아버지께로 달려가는 택시 안에서 어느 순간 느낄 수 있었습니다. '아버지께서 좋은 곳으로 가셨구나, 하느님 품에 안기셨구나' 하는 안도감이 들었습니다.

아버지, 더는 눈물도 고통도 없다는 그곳에서 이제는 진짜 호강을 누리시며 건강하세요!

천사들이여, 마주 오소서

동생의 전화를 받고 도착한 임종실. 들어서자마자 달려가 아버지의 손을 잡았다. 아직 따뜻했다. 흔들어 깨우면 슬며시 눈을 뜨실 것 같았다. "수녀 왔네" 하시며 환하게 웃으실 것만 같았다.

'아버지, 저 왔어요. 눈 좀 떠봐요. 눈 좀 떠봐요. 아버지!' 하며 아버지를 부둥켜안고 울고 싶었지만, 그러지 못했다. 선종하신 아버지 곁에 있는 간호사와 동생 루시아를 바라볼 뿐, 나는 뭘 어찌해야 할지를 몰랐다.

곧 오빠와 막내 여동생 안나가 도착했고, 의사는 사망 절차에 관해 이야기했지만 꿈인지 현실인지 구분을 못 하고 서성였다. 머릿속에서는 뭔가 해야 할 것 같은데, 몸은 방향을 잃고 저 혼자 우왕좌왕 안절부절못하였다.

오빠가 내게 연락해야 할 곳을 말했고, 연락처를 물었다. 그제야 나는 핸드폰을 열어 일가친척들과 성당 연령회에 연락을 취했다. 그리고 아버지께서 평소 다니시던 송천동성당 근처 장례식장에 모시기로 하고, 오빠와 함께 아버지를 모시고 구급차로 이동했다.

아버지께서 머물렀던 병원이 어둠 속에 멀어져갔다. 입원하신 아버지 뵈러 다니던 길, 익숙해진 거리의 풍경이 빠르게 지나갔다. 차창 밖 세상은 아무 일 없는 듯 무심하게 흐르고, 구급차 소리에 차들이 길을 비켜주었다. 삶이 죽음 앞에 물러서며 길을 내주었다. 아득해진다.

장례식장에 도착하자마자 빈소를 정했다. 오빠는 서둘러 지난번에 찍어둔 영정사진을 가지러 갔고, 나는 화환과 관, 음식 등을 결정해야 했다. 그 사이에 아버지의 부음을 받은 연령회 어르신들이 속속 도착했다.

아버지와 함께 성당 활동하시던 아버지 친구분을 뵙는 순간 안도의 숨과 함께 목이 메었다. 내 손을 덥석 잡은 어르신의 붉어진 눈가에는 아버지와의 추억이 어려 있었다. 노련한 손길로 연령회 분들은 빈소를 꾸미고, 연도 책과 성수를 준비했다.

부고를 알린 지 얼마 지나지 않은 늦은 밤인데도 문상객들의 발길이 끊이지 않았다. 체육대회 행사로 나를 피곤할 텐데도 교사들이 한걸음에 달려와 주었다. 그리고 그 밤을 꼬박 함께 있어 주었

다. '고맙고 예쁜 우리 선생님들…'

아버지의 영혼을 위로하는 연도는 밤새도록 이어졌다. 평소 사람을 좋아하셨고 친절하시며 성당 활동으로 '레지오'와 '연령회'를 하셨던 아버지셨다. 그런 아버지를 기억하시는 성당 모든 신자분이 오시는 듯했다.

수녀회에서도, 전에 있던 유치원 소속 본당에서도 오셔서 기도해 주셨다. 신부님들께서도 먼 길을 달려와 장례식장에서 미사를 집전해 주셨다. 그리 크지 않은 빈소를 가득 메운 문상객들의 연도는 장엄한 합창처럼 들렸다.

'우리 아버지, 참으로 잘 살아오셨구나!'

서로 알지 못했던 사람들이 아버지라는 인연으로 하나 되어 바치는 연도는 그 자체로 거룩한 모습이었다. 가슴 속에서 뜨거운 긍지와 존경이 솟아올랐다. 아버지를 위한 기도는 슬픔에 잠긴 우리 가족에게도 깊은 위로가 되었다. 기도는 마치 아비 잃은 새의 젖은 날개를 안아주는 다정한 손길 같았다.

아버지의 마지막 안식처는 충북 음성의 선산, 먼저 잠드신 어머니 곁으로 정했다. 어머니가 떠나신 지 3년 만의 합장이었다.

장지로 향하기 전, 아버지가 다니시던 송천동성당에서 장례미사가 거행되었다. 사촌 신부님의 주례로 본당 신부님과 교육연합회 신부님까지 세 분의 사제가 제대에 섰고, 성당을 가득 메운 수녀님들과 신자들의 기도 속에 아버지의 장례미사가 집전되었다.

임종을 지킨 동생 루시아는 아버지께서 마지막 숨을 거두실 때 임종실에 장미향이 가득했다고 전했다. 장례미사 또한 수많은 이들의 기도와 찬송이 어우러져 맑고 고운 향이 분향처럼 하늘로 피어오르는 듯했다. 엄숙하고 아름다운 미사로 아버지와 함께 기억될 미사였다.

장례미사의 마지막 순서인 고별식이 시작되었다. 가족들은 자리에서 일어나 성당 중앙에 놓인 아버지의 관을 에워쌌고, 각자의 손에 촛불이 들려졌다. 간절한 염원을 담아 촛불을 밝히듯 우리는 아버지의 영원한 안식을 기원하며 불을 밝혔다. 그 따스한 불빛은 정말이지 아버지께서 가시는 하늘길 끝까지 이어지는 듯했다.

'하느님, 우리 아버지 잘 부탁드려요!'

흔들리는 촛불 사이로 눈물이 흘러내렸고, 성가대의 노랫소리가 성당 안에 울려 퍼졌다.

"하늘의 성인들이여, 오소서
주님의 천사들이여, 마주 오소서
이 교우를 받아 지극히 높으신 하느님 앞에 바치소서
이 교우를 부르신 그리스도님,
이 교우를 받아들이소서."

장지에 도착하니, 마치 하늘도 내 마음을 아는 듯 구름이 잔뜩 낀 흐린 날이었다. 사촌 신부님의 주례로 하관 예절이 진행되었다. 연령회원들과 신자분들이 묵주기도를 바치는 가운데 아버지의 관이 땅속으로 내려졌다. 성수를 뿌리고 삽으로 흙을 덮으며 작별 인사를 나누는 하관 예절. 오빠가 흙은 얹고 한동안 주저앉아 일어서지를 못한다.

아버지와 아들, 사랑하면서도 살갑지 못했던 두 사람은 서로에게 늘 퉁명스러웠다. 일찍 할아버지를 여읜 아버지와, 아버지보다 시골 큰아버지 댁에 머문 시간이 많았던 오빠의 어긋난 세월이 마침내 눈물로 범벅이 되어 흘러내렸다. 오빠의 소리 없는 울음은 깊고 쓰라렸다.

이윽고 삽이 내 손에 쥐어졌지만, 아버지의 관 위에 흙을 덮는 일을 차마 할 수 없었다. 흙이 아버지의 눈에 들어가면 아플 텐데 하는 마음에 관 위에 흙을 얹는 것조차 가슴을 에는 듯했다. 그때 주례 사제의 기도 소리가 들려왔다.

'슬픔에 잠겨 있는 유가족들이 고인의 죽음이 끝이 아니라 영원한 삶의 시작임을 기억하게 하소서. 언젠가 하느님 나라에서 고인을 다시 만날 희망을 품고 현재의 삶을 성실히 살아가게 하소서.'

기도 소리가 마음에 남아 살아갈 길이 되어 주었다. 다시 만날 것이다, 아버지를!

영화 〈헤리포터와 아즈카반의 죄수〉에서 헤리포터가 대부 시리우스와 나누는 대화에 이런 대사가 있다.

"이걸 잊지 마. 사랑하는 사람에겐 이별이 없어. 늘 곁에 살아 있지, 이 속에!(시리우스가 헤리포터의 심장에 손을 갖다 댄다)"

기억 저편에서 그날의 노랫소리가 들린다.

"오늘 이 세상 떠난 이 영혼 보소서. 주님을 믿고 살아온 그 보람 주소서.

주님의 품에 받아 위로해 주소서. 주님의 품에 받아 위로해 주소서.

주여, 이 영혼에게 안식을 주소서. 영원한 안식 주시어 잠들게 하소서.

세상의 온갖 수고 생각해 주소서. 세상의 온갖 수고 생각해 주소서." (가톨릭 성가 520번)

아버지의 유산

차가운 땅에 아버지를 묻고 돌아온 서울에는 비가 내렸다. 마음에도 쉴 새 없이 비가 내렸다. 텅 빈 가슴에 밥알은 모래알처럼 까끌까끌했고, 온몸에는 축축한 무력감이 밀려왔다. 하지만 남겨진 이들에게는 해야 할 일들이 있었다. 아버지의 유품 정리와 장례를 마친 후 처리해야 하는 사무적인 일들이었다. 다행히 형제들이 함께여서 외롭지 않았다. 제부는 사망신고와 관공서의 번거로운 일들을 도맡아 주었다.

나는 오빠와 두 여동생과 함께 아버지의 집에 모여 옷가지와 생전에 쓰시던 물건들을 하나하나 정리했다. 호랑이는 죽어서 가죽을 남기고 사람은 죽어서 이름을 남긴다고 했던가. 하지만 아버지는 이름뿐 아니라 삶의 흔적이 고스란히 담긴 수많은 유품을 남기셨다. 특히 베란다에 가득한 화분들은 아버지의 미소처럼 싱싱했다.

꽃이 피면 아버지도 아이처럼 좋아하시며 우리에게 자랑하시던 모습이 눈에 선했다. 아버지께서 병원에 계시는 동안 오빠가 정성껏 돌본 화분들. 그중 좋은 화분 몇 개는 이웃들이 가져가 키울 수 있도록 집 앞에 내놓았다.

가장 많은 것은 아버지께서 손수 만드신 묵주와 그 재료들이었다. 완성된 묵주도, 미완성의 재료들도 한가득이었다. 호스피스 병동에서도 아버지께서는 당신이 만든 묵주를 봉사자들에게 나누어 주셨었다. 손끝이 여물고 이것저것 수리도 잘하시던 아버지께서 만드신 묵주는 튼튼하면서도 아름다웠다. 그중 가장 마음에 드는 묵주 하나를 아버지께 건네받은 듯 내 주머니에 소중히 넣었다. 아버지께서 만드신 묵주를 손에 쥐고 기도하며 아버지를 오래도록 기억하리라!

아버지, 평안하신가요?

생전에 그토록 그리워하시던 할머니를 제일 먼저 만나셨겠지요? 장례미사 때, 아버지의 마지막 길을 배웅하기 위해 정말 많은 분이 찾아와 주셨습니다. 아버지의 삶이 얼마나 존경받았는지, 얼마나 많은 이들에게 따뜻함을 나누어 주셨는지를 알 수 있었습니다. 삼우를 마치고 장례 기간 도움을 주신 분들, 특히 연령회 분들께 감사의 인사를 전했습니다. 호스피스 병동에도 찾아가 인사를 드리니, 모두들 '선량하신 분이셨다'라며 좋은 곳에 가셨을 거라 위로해 주셨지요.

아버지, 아직도 실감이 나지를 않아요. 집에 가면 환하게 웃으시며 두 팔 벌려 맞이해 주실 것만 같습니다. 아버지를 떠나보내며 삶과 죽음에 대해 많은 생각을 하게 되었어요. '잘 죽기 위해 잘 살아야 한다'라는 말처럼 저 또한 제 삶의 마지막을 어떻게 맞이할지 깊이 고민하게 되었습니다.

아버지, 아버지께 감사드릴 것이 참 많습니다. 무엇보다 저에게 생명의 등불을 전해주신 은혜, 진심으로 감사합니다. 경기도 용인 땅을 떠나 낯선 서울, 삼양동 달동네에서 당신께서 품으셨던 모든 생명을 위해 온갖 어려움을 감내하신 아버지께 고개 숙여 깊이 감사드립니다.

제가 어릴 적엔 국수 장사와 간장 행상을 하셨지요. 그 뒤로는 오랫동안 마장동 시장에서 도축된 고기를 운반하는 일을 하셨고요. 1960~70년대 마장동 시장에서는 소와 돼지가 도축되었고, 그곳에서 아버지는 새벽부터 밤늦도록 자전거로 소매업자들에게 고깃덩어리와 뼈 등을 배달하는 고된 일을 하셨지요. 연로하신 후에는 시장 경비를 하시며, 어느 하루도 헛되이 보내지 않으셨습니다.

병약한 몸으로 밤새 앓으시면서도 새벽이면 어김없이 일터로 향하시던 아버지! 자식들을 위해 쉼 없이 살아오신 아버지의 삶은 고달팠지만, 그 안에는 가족을 향한 뜨거운 사랑과 헌신이 깃들어 있었습니다. 아버지는 제게 성실함이라는 가장 값진 유산을 물려주셨습니다.

아버지, 저에게 신앙의 씨앗을 심어 주셔서 감사합니다. 신앙을 갖게 되신 이야기를 들려주신 적이 있었지요. 어느 비 오는 여름날 저녁, 주인집 가족들이 마루에 모여 앉아 바치는 저녁기도 소리가 밤비를 타고 세상에 퍼지고 하늘에 올라가 하느님도 기뻐하실 것 같았다고요. 그 모습이 너무도 부러워 신앙을 갖게 되셨다는 아버지, 진심으로 감사합니다.

아버지 덕분에 유아세례를 받았고, 성당에서 청소년 시절을 보내며 자연스레 수도자의 꿈을 키웠습니다. 물론 중학교 1학년 때 크게 아프기 전까지는 현모양처가 되는 것이 꿈이었지요. 육체적 질병과 사춘기가 겹치면서 '삶이란 무엇인가'에 대한 고민이 많았었습니다. 단 한 번뿐인 삶을 의미 있게 살고 싶었어요. 그 고민 끝에 내린 결론이 제 삶을 신께 봉헌하는 것이었습니다. 그리고 저는 지금 행복합니다. 아버지께서 심어 주신 신앙의 씨앗이 아름다운 꽃을 피워 수녀로 살고 있으니까요.

아버지, 엄마가 18년이란 오랜 세월을 아프시다 돌아가시기까지 아버지께서도 힘드셨겠지만, 정말 신앙이 저를 지탱해 주었어요. 그때부터 아버지는 묵주를 만드셨던 것 같습니다. 어머니를 간호하시면서 자식들에게 다 털어놓지 못했던 애끓는 마음을 묵주 알에 담아 기도하셨던 건 아닌가 싶습니다.

저는 법정 수련기를 시작하기 전, 처음으로 어머니의 아프신 소식을 들었어요. 동생 루시아로부터 어머니의 병환 소식을 들었을 때 마음이 무너지는 듯했습니다. 당장이라도 뛰쳐나가 어머니 곁을 지켜야 할 것 같았지요. 온 가족이 어머니 간호에 지쳐 있을 텐데, 나만 홀로 수녀원에 머무르는 것이 죄책감으로 다가왔습니다.

하지만 그때 아버지께서는 '수도 생활에 전념해'라고 단호하게 말씀해 주셨지요. 중심을 잃고 갈팡질팡하던 저는 그 말씀을 붙잡고 비로소 제자리에 설 수 있었습니다. 그리곤 아픈 어머니와 가족들을 생각하며 수도 생활의 어려움을 견뎌내려 애썼습니다.

수녀원 생활도 세상의 축소판과 같아 인간적인 갈등과 외로움이 있었지만, 어머니를 위해 모든 것을 기도로 봉헌하며 버텼습니다. 수녀원을 나가는 것 또한 해답이 될 수 없었기에 그저 수녀원의 일상을 충실히 살고자 노력했습니다. 기쁨은 사라지고 걱정과 근심만이 가득한 날들 속에서 오직 기도만이 유일한 안식처였습니다. 어머니 생각에 밤새 성당에서 기도를 올리는 날들이 많았습니다.

"하느님, 엄마가 아파요. 그런데 제가 할 수 있는 것이 아무것도 없습니다. 얼마나 아픈지, 오늘은 좀 나아졌는지 옆에서 볼 수 없으니 더 답답합니다. 제가 해야 할 일을 동생들에게 떠넘긴 것 같아서 미안합니다. 그런데도 제가 수녀원 안에 머물러 있는 것이 맞나요? 하느님께서 저의 손이 되어 엄마를 돌봐주세요. 가족들에게 힘이 되어주세요. 제가 여기서 이렇게 기도 많이 할게요!"

어머니의 병환은 저와 가족들에게 크나큰 시련이었습니다. 어머니의 아픔을 지켜보는 동안 제 수도 생활은 위태로운 항해와 같았습니다. 딸은 어머니를 닮는다고 합니다. 그 말이 두려웠어요. 병든 어머니의 모습이 제 미래인 것만 같아 눈을 감고 외면하고 싶었습니다.

하지만 등을 돌릴수록 어머니의 모습은 더욱 선명하게 제 안에 남았고, 피하려 해도 결국 제 삶의 일부가 되어 갔습니다. 수도자이지만 어머니처럼 살지 않겠다고 원망하면서도, 건강하신 어머니의 따뜻한 돌봄이 그리웠고 받고 싶었습니다.

세상의 유혹은 거센 파도처럼 밀려왔고, 내면의 고뇌는 깊은 심연처럼 저를 삼키려 했습니다. 하지만 그 모든 순간에 신앙은 마치 홍해를 가르듯 제 앞길을 열어주었습니다. 이스라엘 백성이 이집트를 탈출할 때 홍해가 갈라져 마른 땅을 밟고 건너듯, 물이 좌우의 벽이 되어 그들을 보호했던 것처럼(출애굽기 14,21-22) 어머니를 위한 간절한 기도는 제 수도 생활을 굳건히 지켜주는 방벽이 되어

주었습니다. 그 덕분에 저는 수도자의 길에서 벗어나지 않고, 묵묵히 걸어 여기까지 올 수 있었습니다.

저는 이제 일상으로 복귀합니다. 아버지 곁을 지키며 보낸 지난 6개월, 일상으로의 복귀가 어쩐지 두렵고 낯설게 느껴집니다. 그곳에는 또 어떤 고통이 숨어 있을까요? 평범한 '일상의 도_道'를 걷는 것이 마치 험난한 여정처럼 느껴집니다. 하지만 저는 살아갈 것입니다. 어머니께서 돌아가셨을 때 그랬던 것처럼. 아버지마저 곁을 떠나신 지금도 차분히 기도하며, 유치원에서 유아들을 맞이할 것입니다.

돌아갈 일터에는 그간 미뤄두었던 일들이 산더미처럼 쌓여 있겠지요. 저는 다시 그 바쁜 일상 속으로 뛰어듭니다. 그리움은 예고 없이 일상의 빈틈을 파고들어 눈물이 되고, 외로움은 문득문득 저를 덮쳐오겠지만 삶은 계속될 것입니다. 가을바람에 갈 길을 잃은 낙엽처럼 흔들려도 저는 꿋꿋이 살아갈 것입니다.

'생명의 등불'을 건네주신 것, 성실하게 삶을 일구어 가신 모습 그리고 신앙을 알려주신 것이 아버지께서 저에게 주신 유산입니다. 아버지께서 성실하게 삶을 사셨듯이 저 또한 그 길을 따르겠습니다! 아버지께서 남겨주신 삶의 유산을 가슴에 새기고, 그 뜻을 이어 살아가겠습니다. 아버지, 먼 훗날 하늘나라에서 다시 만날 때 자랑스러운 이야기들을 들려드릴 수 있도록 제 삶을 아름답게 채워나가겠습니다.

아버지, 감사합니다.

천국에서 뵈어요!

그리움을 팔아 수평선을 담고

아버지, 아버지가 떠나신 지 벌써 한 달이 지났네요. 모든 것이 비현실적으로 느껴지고, 그저 멍한 상태로 하루하루를 버텨내고 있어요. 해야 할 일들에 떠밀려 지내다 보니 마음을 제대로 들여다볼 겨를도 없습니다.

요사이 유치원에 생긴 민원 문제로 지치고 힘이 들어요. 그럴수록 아버지가 더 그립습니다. 언제나 제 편이 되어 주셨던 아버지께 하소연하고 싶은데 전화 한 통 걸 수 없는 현실이 뼈아프게 다가옵니다. 아버지의 부재가 온몸으로 와 닿으며 슬픔과 그리움이 터져 나와요. 기댈 곳 없는 깊은 공허감과 허기가 차오릅니다.

내가 아버지에게 어떤 딸인데… 사람들은 거친 말과 큰 소리로 자기들 입장만 내세웠어요. 제 말은 아예 들으려 하지 않습니다. 당황스럽고 혼란스러웠지만, 원장이라는 자리 때문에 버텨야 했어요. 교사들 앞에서는 의연하게 대처해야 했으니까요.

하지만 사실은 마음이 움츠러들었고, 두려움에 사로잡혀 있었습니다. 큰소리를 듣는 것 자체가 무서웠고, 일이 뜻하지 않게 더 커지지는 않을까 조마조마했어요. 무엇보다 유아들과 유치원의 안정적인 교육환경이 가장 중요했으니까요.

아버지, 세상의 부모 마음이 다 그렇겠지요. 자식을 위해서라면 물불을 가리지 않는 그 마음 말이에요. 일단 내 자식 편부터 들어주고, 혹시 흠이 되거나 잘못된 일은 없는지 차근차근 따져보는 건 당연한 일일 것입니다. 제 자식 귀하지 않은 사람은 세상 어디에도 없을 테니까요.

그럼에도 "한 아이를 키우는 데는 온 마을이 필요하다"라는 외국 속담처럼, 우리가 모두 이 말을 기억했으면 해요.

아버지, 제가 도착하기 전에는 절대로 눈감으시면 안 된다는 저의 성화에 아버지께서도 "그러마" 하시며 새끼손가락을 걸고 약속해 주셨었는데… 하지만 아버지께서도 어쩔 수 없으셨겠지요.

임종 소식을 듣고 급히 달려간 병실에서 저는 애타게 아버지를 불렀습니다. '이비지, 지 있이요. 눈 떠보세요. 왜 눈 감고 세세요? 우리 약속했잖아요.' 그렇게 아버지를 흔들어 깨우고 싶었지만… 차마 그러지 못했습니다.

그때 삼킨 울음이 이제야 시냇물처럼 흐르네요. 아버지, 너무나 그립습니다. 아버지 안 계신 이 시간과 공간이 서럽습니다.

아버지, "인생이 허기질 때 바다로 가라"는 책 제목이 있어요. 거문도 출신의 한창훈 작가가 직접 해산물을 낚아 올린 경험으로 쓴 맛있는 바다 이야기인데, 저는 왠지 이 문장이 좋더라고요.

얼마 전에는 아버지와 함께 갔던 부산 해운대에 혼자 갔었어요. 그때 아버지께서 수평선을 바라보시며 "가슴이 뻥 뚫린다" 하시던 모습, 그 목소리가 바닷가에 남아 있을 것만 같았거든요. 그날 혼자 해운대에 서서 허기진 배에 꾸역꾸역 파도를 먹고 왔어요. 그리움을 팔아 수평선을 담고 살아갈 힘을 얻어 왔습니다.

잘살아 볼게요.

하늘에서 내려다보시며 가끔 햇살로 오세요.

바람으로 내려오세요.

아버지!

말없이 걸어가다 뒤돌아보면

왜 그렇게 못해 드린 일들만 자꾸 떠오르는 걸까… 후회는 아버지에 대한 그리움이 깊어질수록 함께 자라났다.

말기 암, 여생이 1년도 아닌 고작 6개월 남짓 남은 아버지를 앞에 두고서 '언제 돌아가실까' 하고 생각했던 내가 후회스럽다. 그때는 병실 비용이 너무 부담스러웠다. 간병인 구하기도 쉽지 않아서 여러 군데 수소문해야 겨우 일정을 맞출 수 있었다. 모든 일에 끝이 있고, 다 지나간다는 것을 가늠할 여유조차 없었다. 나를 둘러싼 벽들이 서서히 조여오는 듯한 압박감에 시달렸다.

내가 몸담은 수녀원과 유치원 일정에 맞춰 적당한 때 돌아가셨으면 했던 것도 깊이 후회된다. 한순간 스쳐 지나간 생각일 뿐이라고 해도, 떠올릴 때마다 쓰라리다. 삶이 내 뜻대로 흘러가지 않는 다는 걸 알면서도, 그때 나는 그랬다. 나 살자고 아버지의 마지막 시간을 통제하려 했으니…

아버지의 섬망 증상은 수시로 침대 밖으로 나가시려는 것이었다. 두세 번은 휠체어에 모시고 나갔지만, 그 이상은 점점 버거웠다. 특히 밤에는 더욱 난감했다. 어쩔 수 없이 힘으로 제지해야 할 때도 있었다. 그럴 수밖에 없는 상황이었다고 스스로 다독여 보지만, 결국 후회로 남는다.

아버지께 죄송하다. 좀 더 부드럽게 할 수는 없었을까? 힘이 아니라 말로 잘 설득했어야 했는데… 좀 더 자주 밖으로 모시고 나갈걸… 아버지 떠나신 빈자리에서 눈물을 흘린다. 그리워서 눈물 나고, 후회가 밀려와 또 운다.

후회되는 일이 또 있다. 산소에서 동생들과 이야기 나눌 때였다. 동생 안나가 말했다.

"우리 아버지, 천국에서는 잃었던 시력 되찾고 두 눈으로 보고 계시겠지?"

"그러게. 그런데 아버지께서 언제부터 오른쪽 눈이 안 보이셨더라?"

기억을 더듬으며 내가 물었다. 동생 루시아가 대답한다.

"내가 아버지께 듣기로는 10대 때부터라고 했어. 한쪽 눈이 자꾸 침침해져 알아보니 영양실조라고 했대. 돈이 없어서 바로 치료를 못 받고, 나중에 돈 벌어 병원 갔을 때는 이미 시신경이 죽어있었다고 하시더라고."

"……"

마음이 먹먹해졌다. '가난'과 '영양실조', '실명'이라는 단어들이 심장에 와서 박히는 듯했다. 더는 아무 말도 못 하고 각자가 먼데 하늘만 쳐다볼 뿐이었다.

아버지, 아버지의 한쪽 눈이 안 좋다는 것을 어렴풋이 알고는 있었어요. 그러나 오늘처럼 명확히 인식하지는 못했던 것 같습니다. 자식의 마음속에는 '아버지의 눈'보다 삶의 무수한 다른 주제들과 문제들이 헝클어져 있었으니까요. 그냥 뵐 때는 멀쩡해 보이셔서, 안 보이신다는 것을 의식하지 못할 때가 더 많았던 것 같습니다. 죄송합니다. 아버지!

아버지를 모시고 용하다는 안과라도 한 번 다녀왔더라면 좋았을 것을, 후회됩니다. 요사이는 의술이 많이 좋아졌으니, 방법이 전혀 없지는 않았을 텐데 말이에요. 사는 게 뭐 그리 바쁜지… 수도 생활도 여유가 없더라고요.

그 한쪽 눈으로 자전거 타고 삶의 골목 골목을 다니셨을 아

버지,

　두 눈으로 살기도 힘든 세상에 '가장'이라는 책임감의 눈을 뜨신 아버지,

　그 한쪽 눈으로 묵주 만드시며 기도의 눈을 갖게 되신 아버지의 노년,

　아버지의 그 사랑이 오늘은 더욱 절절하게 다가옵니다.

　외눈박이 물고기의 사랑. 우리 아버지 사랑.

　감사합니다. 아버지!

　류시화 시인의 〈외눈박이 물고기의 사랑〉이라는 시에 나오는 외눈박이 물고기(비목어)는 눈이 한쪽으로 몰린 가자미의 일종이랍니다. 중국 전설에는 눈이 하나밖에 없어 양쪽으로 두 마리가 붙어야 헤엄칠 수 있는 물고기가 나오는데, 아마 이것이 사랑인가 싶습니다. 〈외눈박이 물고기의 사랑〉을 나지막이 읊조려봅니다.

　(…)
　우리에게 시간은 충분했다. 그러나
　우리는 그만큼 사랑하지 않았을 뿐
　외눈박이 물고기처럼
　그렇게 살고 싶다
　(…)

용서에는 사랑과 시간이 필요하다

아버지께서 돌아가신 지 어느덧 1년이 흘렀다. 어떻게 살아야 할지 막막했던 눈물이 마르고, 시간이 지나면서 살아졌다. 수도 생활이나 유치원 일로 바쁠 때는 아버지의 부재가 크게 느껴지지 않았다.

하지만 설 명절에 부모님 댁을 찾을 때, 유치원 아이가 아빠 품에 안겨 등원하는 모습을 볼 때, 어스름이 내려앉은 저녁의 스산한 바람에 발걸음을 멈추어 서게 될 때, 아버지께서 좋아하시던 겉절이가 저녁 식탁에 올라올 때, 그런 때 나도 모르게 눈물이 흘렀다.

"이제 정말 아버지가 안 계시는구나…"

아버지, 하늘나라에서 안녕하신지요?
아버지, 아버지가 돌아가신 지 벌써 1년이 되었습니다. 이제야 말씀드리는데요, 동생 루시아가 밉더라고요. 아버지 임종을 동생만 지켰잖아요. 더구나 동생은 임종 때 임종실에 아름다운 향기가 가득했다고 해요. 동생만 특별한 경험을 한 것입니다. 동생이 정말 부러웠습니다. 부럽다 못해 질투가 났고, 미웠어요. 아버지 말기 암 병간호로 다 같이 힘들었는데, 동생만 그 공로를 인정받고 상을 받았다는 생각이 들었습니다.

그리고 너무 서운했어요, 아버지! 아버지에게 제가 제일 사랑받는 자녀라고 굳게 믿고 있었거든요. 그런데 마지막에 가서는 배신을 당한 느낌이었습니다. 그렇게나 지키고 싶었던 아버지의 임종을 저는 못 봤어요. 사랑하는 사람의 가장 중요한 시간에 함께하지 못했습니다. 이승에서의 마지막 시간을 아버지는 제가 아닌 동생의 배웅을 받으며 떠나신 거죠. 조금만 더 기다리시지… 정말 속상하고 서운했습니다.

동생 탓도, 누구의 탓도 아닌 줄 알면서도 동생이 미웠어요. 그래서 일부러 동생의 연락을 피했었습니다. 물론 동생은 몰랐을 거예요. 연락을 자주 하며 지내지를 않았으니까요. 더구나 아버지 돌아가시고는 한동안 연락할 일이 없었습니다. 그런데도 소심한 마음에 뭐라도 해서 밉고 서운한 마음을 표현하고 싶었어요. 마음이 꼬여 있었지요.

사실 아버지 병간호로 자주 만나게 되면서 다툼도 있었습니다. 그 전에야 그럴 일이 없었죠. 저는 수녀원 생활을 하고, 동생은 결혼생활을 하니 서로 갈등할 일이 없었어요. 오히려 의지가 되는 동생이었습니다. 제가 수도 생활에 전념할 수 있도록 가족 안에 제 빈자리를 채워주는 고마운 동생입니다.

그런데 이번에 아버지 일을 치르면서 이런저런 복잡한 감정이 일더라고요. '나는 수도자니까 동생이 좀 더 나서서 해주었으면' 하는 마음도 있었고, 병간호 교대 시간에 늦는 일 때문에 화가 나기도 했었어요. 간병인 구하는 일은 전적으로 제가 했는데, 제때 사람을 찾을 수 없어서 얼마나 속이 타던지… 그럴 때마다 혼자만 애쓰고 있는 것 같아서 원망스러웠습니다.

시간이 약이라고 했던가요? 얼마 전에 동생을 만나 화해했습니다. 동생은 제가 자기를 미워한 것조차 몰랐으니 어쩌면 '저 자신과의 화해'라고 해야겠지요. 서운한 마음을 너무 오래 갖고 있으면 동생에게 진짜 연락을 못 할 것 같더라고요. 제가 먼저 만나자고 해서 함께 점심 먹었습니다.

"실은 내가 너 미워했었어…"

"나를? 왜?"

동생이 밥을 먹다 말고 눈이 동그래져서 물었어요. 저는 제 마음의 실타래 중 한 올을 끄집어내어 동생 앞에 풀어놓습니다.

"그랬구나. 몰랐어. 언니가 그런 맘인 줄 몰랐어. 말해줘서 고마워."

그러면서 동생이 묻습니다.

"지금 마음은 괜찮아?"

예, 아버지 괜찮아졌어요. 동생을 만나 이야기하다 보니 가벼워졌어요. 말 안 하고 가지고 있을 때는 엄청나게 크고 무거운 감정이었거든요. 그런데 말하고 나니 쌓였던 감정이 '푸르륵' 날아가 버렸습니다. 그리고 제가 미처 몰랐던 동생의 상황을 이해하게 되었어요. 사랑의 물줄기가 다시 잘 연결되는 느낌이었습니다. 고맙고 대견한 동생입니다.

제가 어릴 때부터 샘이 많았다고 하셨던 아버지의 말씀처럼 제가 '질투의 화신'이더라고요. 이제야 고백하는데, 아버지와 친하셨던 자매님을 제가 질투했었습니다. 병실에 찾아오시는 것도 왠지 싫더라고요.

두 분이 성당에서 오랫동안 함께 활동해 오시며 자주 만나셨으니 친하실 만도 한 일이었습니다. 게다가 아버지께 무척 친절하셨고, 가끔 반찬도 해다 주신다고 들었어요. 수녀원에 간 딸이나, 결혼해서 멀리 있는 자식들보다는 가까이서 살갑게 잘 챙겨주시니 고마운 일이죠. 그런데 저는 싫었어요. 아마 그 자매님도 그런 저의 마음을 눈치채신 것 같았습니다. 제가 있을 때는 면회를 오지 않으셨거든요. 그냥 저를 어려워하셨습니다.

아버지 병실에 갔을 때 어쩌다 전화라도 다정히 하시는 것을 듣게 되면 제 마음이 삐죽삐죽해졌습니다. 저보다 그 자매님을 더 반가워하시는 것 같아서요. 괜스레 짜증이 나서 아버지께 퉁퉁거렸던 기억이 있습니다.

아버지, 속 좁은 저를 용서하세요. 아버지의 사랑을 온전히 소유하고 싶었던 것 같습니다. 동생보다 더 사랑받고 있음을 확인하고 싶었던 거지요. 저에게 쏟아져야 할 아버지의 사랑과 관심이 성당 자매에게로 나뉘는 것이 싫었습니다. 아버지의 사랑을 독차지하고 싶었어요.

질투를 가톨릭교회에서는 칠죄종†이라고 해서 7가지 근원적인 죄로 여깁니다. 감정들 그 자체에 죄를 묻는 것은 아니며, 이 감정들로 인해서 일어나는 악한 행위가 칠죄종에 해당합니다. 질투 역시 인간이 자연스럽게 가질 수 있는 감정 중 하나이기 때문에 '무조건 부정적으로 보고 부정만 할 것은 아니다'라고 풀이하고 있어요.

† 교만, 인색, 분노, 질투, 나태, 탐욕, 음욕이 7가지 죄악

질투로 동생을 한순간 미워하기는 했지만, 그로 인해 동생을 더 이해하는 시간을 가질 수 있었습니다. 성당 자매님에 대한 불편한 감정을 인정하면서 아버지를 빼앗기는 것이 아님을 알게 되었지요. 아버지를 통해 질투의 감정을 만나며 제 마음이 한 뼘 더 자랐습니다.

향기를 머금은 푸른 하늘

꽃집 앞에 멋스럽게 앉아 화사함을 뽐내고 있는 크고 작은 카네이션 바구니를 보니 5월이다. 김영랑 시인은 모란꽃을 보며 5월을 노래했고, 누구는 담장에 피어나는 장미꽃을 보며 5월이 왔음을 느낀다지만, 나는 꽃집 앞에 옹기종기 모여있는 카네이션에서 5월을 맞이한다.

부모님이 살아계신 수녀님들 중에는 어버이날을 전후해 집으로 휴가를 다녀오는 분들도 계신다. 그렇지 않은 다른 분들은 어버이날 당일 시간이 허락되면 잠깐이라도 집에 들르고, 그도 여의찮으면 전화로 안부를 전한다. 나처럼 부모님을 하늘나라로 보내드린 수녀님들은, 어버이날을 기도로 채우거나 추억에 잠기며 조용히 그날을 보낸다.

그나마 나는 다녀올 산소가 있어 감사하다. 마침 엄마 기일이 5월 22일이라, 5월이면 해마다 충북 음성 선산에 있는 산소를 찾아간다. 살아계신 부모님 가슴에 카네이션을 달아드리는 기쁨에는 미치지 못하겠지만, 그래도 찾아갈 산소가 있다는 것만으로도 나는 참 행복하다. 친정집 나들이 가는 기분이다.

"아버지 엄마, 저희 왔어요. 보고 싶으셨죠?"

산소에 도착하면 먼저 절을 올리고 기도를 드리고 잡초도 뽑는다. 그리곤 부모님께 올렸던 막걸리와 과일을 나누어 먹으며 자연스레 아버지 어머니에 대한 저마다의 기억을 풀어놓는다.

생전에 음식을 드실 때면 맛있게 한 그릇 깨끗이 비우시고도 숟가락 내려놓으시면서는 "에이, 음식이 싱겁네", "고기가 왜 이리 질기냐?" 하시던 아버지 모습이 떠올라 웃음이 났다. 동생이 "엄마표 만두와 잡채를 먹고 싶다"라고 했을 때는, 다시 그 맛을 볼 수 없음에 마음 한켠이 먹먹해져 잠시 말이 끊기기도 했다.

아마 지금 두 분 다 산소 어디쯤에서, 햇살이 되어 바람이 되어 우리 세 자매와 제부가 나누는 이야기를 듣고 계시겠지… 그런 생각에 괜스레 마음이 따뜻해졌다.

아버지 첫 기일을 지내던 날이 엊그제 같은데, 어느새 그렇게 시간이 흘렀다. 그때만 해도 아버지 자리가 너무 커서, 빈자리가 유독 서늘하고 허전하게만 느껴졌는데… 그래도 해마다 빠짐없이 산소에 들러 인사드리고, 아버지 이야기를 나누고, 함께 웃고 때로는 눈물도 훔치며, 그렇게 한 해 한 해를 보내다 보니 어느덧 올해가 아버지 소천하신 지 꼭 10년째가 되었다.

강산도 변한다는 10년이라지만, 마음 한구석엔 지금도 아버지가 살아계신 것처럼 느껴질 때가 많다. 우리 안에 여전히 살아 숨쉬는 아버지의 말투, 아버지의 버릇, 아버지의 사랑 덕분일까. 시간이 흐를수록 그리움은 깊은 샘처럼 조용히 차오르고 아버지의 자리는 말없이도 많은 것을 품고 있다.

그동안 우리 가족에게 가장 큰 변화라면, 2016년 3월에 오빠가 느닷없이 아버지 곁으로 가버린 일이었다. 오빠 나이 고작 50대 초반, 너무 갑작스러운 죽음 앞에 충격이 컸었다. 2010년, 2013년, 2016년, 한 사람, 또 한 사람… 3년마다 한 분씩 떠나시는 자리에 아픔이 고인다.

언젠가 오빠 기일에 모였을 때, 우리끼리 이런 얘길 나눈 적이 있다. 불쑥 하늘나라에 온 오빠를 보고 아버지는 어떻게 반응하셨을까?

"아니, 젊은 놈이 왜 벌써 왔어?"

아버지 말투로 동생이 흉내 내듯 말해서, 눈물을 닦으며 웃었다.

엄마가 먼저 2010년에 세상을 떠나시고, 이 산소에 모시게 되었다. 그때부터 해마다 아버지를 모시고 형제들이 함께 이곳을 찾았다. 마침 제부가 차를 가지고 있어서 이동이 한결 편했다. 그러다 2013년, 아버지마저 우리 곁을 떠나셨다. 그 후로는 오빠와 제부 그리고 우리 세 자매가 비좁게나마 한 차로 다녔었다.

그런데 그 오빠마저 이제 우리 곁에 없다. 아버지, 엄마 그리고 오빠까지… 빈자리가 늘어가는 만큼 그리움도 깊어만 간다. 하지만 그 자리는 여전히 크고 따뜻하며 참으로 소중하다. 사랑으로 엮어진 가족이기에 그분들은 지금도 나를 이루고 있다.

이제는 제부와 우리 세 자매 이렇게 넷이 씩씩하게 다닌다. 아니 사실은 넷이 아니라 여전히 모두 함께 다닌다. 아빠, 엄마, 오빠가 우리 이야기 속에 등장하시니, 그분들도 우리와 함께 다니는 셈이다. 그렇게 모여 이런저런 이야기를 나누다 보면, 기억 저편에 묻어두었던 아빠, 엄마, 오빠의 모습이 하나둘 꺼내져 추억은 점점 더 풍성해진다.

"언니, 아빠가 그때 보이스피싱 당하셨던 거 기억나?"

"어? 정말? 그건 몰랐어. 무지 속상하셨겠다."

"그러게, 그런데도 아버지 하는 말씀이 '뭐, 누가 급하게 필요해서 갖다 썼겠지. 그럼 됐지, 뭐. 내 기도가 부족했나 보다' 하시더라고."

그 이야기에 울컥했다. 참 아버지다운 말씀이었다.

"엄마는 '찔레꽃'[†] 노래를 참 좋아하셨잖아."

동생이 어느새 엄마 생각에 젖어 엄마 흉내를 내듯 그 노래를 흥얼거린다.

"찔레꽃 붉게 피는 남쪽 나라 내 고향~"

"나는 엄마가 '발길을 돌리려고 바람 부는 대로 걸어도~'[‡]를 부르시던 모습이 아직도 선명해."

"아버지는 어떤 노래를 부르셨었지?"

아버지 노래를 들어본 기억이 없어 내가 물었다.

"아버지는… 노래를 거의 안 하셨지. 아버지가 노래하면 괜히 분위기가 엄숙해졌잖아! 하하하…"

순간, 차 안에 웃음꽃이 피고, 엄마의 노래, 아버지 이야기, 오빠에 대한 기억들이 넘실거린다. 음악처럼, 노랫말처럼 추억이 음표를 달고 춤춘다.

"오빠는 언니 수녀원 가던 날 울었지. 아버지 엄마도 안 우는데, 오빠가 혼자 울었어. 그건 기억나?"

"그랬던가…"

[†] 백난아의 〈찔레꽃〉
[‡] 최병걸의 〈나 정말 몰랐었네〉

착한 우리 오빠! 그 시절, 그 마음이 훅 밀려온다.
아버지, 오빠도 아버지 곁에 잘 있죠? 든든한 하늘나라 지원군 우리 아버지, 엄마 그리고 오빠. 여전히 저희들 마음속에, 삶 속에 이렇게 살아 계시네요.

부모님 산소 앞에서는 늘 울고 또 웃는다. 그리고 돌아오는 길엔 어느새 맛집 투어가 자연스러운 코스가 되었다. 예쁜 카페에 들러 인증 사진 찍기는 필수가 되어 가고 있다.
"와, 언니 이 사진 진짜 잘 나왔다! 인생 사진이네~"
잘 나온 사진으로 SNS 프로필도 바꿔주고, 또 도란도란 웃으며 그 순간의 행복을 담아놓는다.
"엄마, 아빠, 오빠, 하늘에서 보시기에도 좋으시죠?"
괜히 한번 하늘을 올려다보며 말을 건네본다. 부모님께서 제부와 우리 세 자매가 웃고 떠드는 이 시간을 흐뭇하게 바라보고 계실 것 같다. 나도 이렇게 마음이 좋은 걸 보면 부모님 마음도 환하게 빛나지 않을까.

해마다 이렇게 건강하게 함께할 수 있음이 얼마나 감사한 일인지 새삼 깨닫게 된다. 엄마 아빠 뵈러 가는 산소방문 길은 어느새 우리 가족의 친밀감이 차곡차곡 쌓이는 시간이 되어 가고 있다. 가족이라는 유대를 돈독히 하는 시간이 되고 있다.

물론 늘 화기애애하기만 했던 건 아니었으니 때론 차 안에서 언성이 높아지기도 했다. 어색한 침묵 속에 각자의 세상을 바라보던 날도 있었다. 딱히 피할 곳도 없는 좁은 차 안에서 거친 숨만 몰아쉬던 날도 있었다. 그런데도 신기하게, 오래 가지 않는다. 같이 있다 보면 결국 누군가 먼저 웃고, 누군가 먼저 미안하다고 말하게 된다. 그리고 그 한마디에 묵은 오해가 풀리기도 한다.

"엄마 많이 아프셨을 때나, 집에 힘든 일이 생기면 아버지는 늘 수녀 언니한테는 말하지 말라고 하셨지. 수도 생활에 방해된다고."

"그랬구나… 힘든 일 있을 때 함께 있어 주지 못해서 미안해."

그렇게 마음 한구석에 무겁게 얹혀 있던 말들을 조심스레 꺼내놓고, 서로의 마음을 조금 더 깊이 들여다보게 된다. 그러면서 치유가 일어나고, 화해가 찾아온다.

이번 산소방문 때는 카네이션을 준비해야겠다. 그동안 산소 갈 때면 부모님께서 좋아하시던 믹스커피를 진하게 타가곤 했었다. 그런데 꽃은 좀처럼 가져가지 않았다. 꽃은 곧 시드니까 빨리 가서 치워야 할 것 같았다. 시들어버린 꽃을 산소 앞에 오래 두는 건, 마치 식은 밥상을 치우지 않는 것 같고, 그리움이 시드는 것 같아 싫었다.

그런데 엄마를 보내고, 아버지의 마지막을 함께하고, 오빠의 부재를 겪으면서 배운 것이 있다. 시든 꽃도 꽃이고, 잠깐 피었다 지는 것이 꽃의 몫이라면 그건 결코 쓸쓸하거나 초라한 모습이 아니라는 걸 말이다. 살아 있는 동안 마음껏 피어나는 그 자체로 충분히 아름답다는 것을, 죽음도 삶의 일부임을 배웠다. 죽음이 삶과 분리되어 있지 않음을 알게 되었다.

그래서 이번엔 카네이션 꽃을 한 다발 준비할 것이다. 그 꽃다발에 우리들의 사랑과 그리움을 고스란히 담아 안겨드릴 참이다.

"아버지, 엄마, 오빠, 저희 보고 계시죠?
우리, 이렇게 웃으며 살아가고 있어요.
그리고 여전히⋯ 많이 보고 싶습니다."

비와 별이 내리는 밤

지난해 10월 아버지 기일에 산소를 찾았을 때였다. 아버지 삼 형제분들이 나란히 누워 계신 산소에 유독 우리 부모님의 산소 봉분이 가라앉아 보였다. 그때 마침 산을 돌보는 아저씨께서 나오셨길래 떼를 새로 입히는 작업을 부탁드렸었다. 며칠 후, 작업하시는 사진도 받고, 새로 덮인 사진을 보며 안심이 되었다.

 그 뒤 처음 산소에 다시 가는 길, 차 안에서 "잔디가 예쁘게 자란 봉분을 볼 수 있겠지? 기대된다!" 했는데… 아니었다. 아직 잔디가 자리를 다잡지 못했는지, 작년 10월과 크게 다르지 않아 보였다. 오히려 산소 주변에 잡초만 무성해서 마음이 안 좋았다.

 그래도 그 마음을 잡초와 함께 뽑아내고, 봉분 위에 잔디를 꾹꾹 밟아주었다. 1년에 두 번, 아버지와 엄마 기일에 방문하는 것 외에도 4월 한식과 가을 벌초할 때도 와 봐야 할 것 같다.

"잔디야, 잘 자라라. 잔디야, 잘 자라라."

아버지, 무덤이 반원인 것은 반은 땅에 걸리고 반은 하늘에 걸려서 그렇다는 말이 생각납니다. 그 하늘은 사랑하는 사람들의 마음이겠지요. 봉분 위에 잔디보다 잡초가 무성한 걸 보니 마음은 자주 찾아뵈었는데, 발걸음은 너무 느렸던 것 같아 죄송합니다. 그리고 마음 한구석은 여전히 아버지께 닿지 못한 채 머뭇거리고 있었던 것 같기도 합니다. 그래서였을까요? 이번 산소를 다녀오는 길에 형제들과 이야기를 나누다가 문득 이런 생각이 들었어요. '내가 아버지께 가장 받고 싶었던 건 무엇이었을까? 내가 아버지께 가장 드리고 싶었던 것은 또 무엇이었을까?'

그런데 '내가 아버지께 가장 받고 싶었던 것'이라는 말이 목에 걸린 가시처럼 저를 멈춰 세우네요. 목이 메고, 가슴이 먹먹해집니다. 아버지께서는 이미 저에게 사랑을 다 주셨어요. 10년 전, 아버지의 임종을 앞두고 뵈었던 뼈만 앙상해진 모습처럼 가진 것 다 내어 저를 낳고 키워 오셨다는 걸 잘 압니다.

그럼에도 아버지, 돌아보니 제가 아버지께 받고 싶었던 건 '든든함'이었어요. 제가 가장 듣고 싶었던 말은 아마 이런 말이었겠지요.

"아버지를 믿고, 너 하고 싶은 거 해라! 아버지가 뒷받침해 줄

테니 가고 싶은 대학 가라!"

최근 인기리에 방영됐던 드라마 〈폭싹 속았수다〉에 나오는 관식이라는 인물의 대사처럼요.

"아빠 항상 여기 있어. 수틀리면 빠꾸. 아빠한테 냅다 뛰어와."

이런 말을 저도 듣고 싶었어요. 기댈 언덕이 있다는 든든하고도 따뜻한 확신이 참 부러웠습니다. 저도 그런 말 한마디 들었더라면, 제 인생의 어떤 선택들이 달라지지 않았을까 싶었습니다.

4살 때 시골 큰집에 맡겨져 천덕꾸러기로 자란 저는, 집에 돌아오면 시름시름 앓으시는 아버지의 신음을 듣던 초등학교 때 저는, 힘겹게 자전거를 끌고 집으로 돌아오시는 아버지의 뒷모습을 봤던 중3 때 저는, 인문계 고등학교에 가서 대학 진학하고 싶다고… 감히 우기지를 못했습니다.

아버지, 제 마음속에 오래도록 담아두었던 말, 쉽게 꺼내지 못했던 말들이 있어요. 이제 와서 이런 말씀을 드려도 될지 여전히 망설여집니다.

아버지의 고생을 누구보다 잘 알기에 한 번도 반항해 본 적 없는 딸이었고, 아버지를 미워하는 건 생각만으로도 죄가 되는 것 같아 마음 깊숙이 묻고 살았습니다. 그런데 아버지, 사실 제게도 아버지가 싫었던 날들이 있었어요.

예민하던 사춘기 시절, 아버지에게서 나는 마장동 축산시장

특유의 노린내가 힘겨웠습니다. 장마철이면 그 냄새는 더 진하게 베어 나왔지만, 아버지의 고단한 삶을 너무도 잘 알기에 차마 내색할 수 없었어요.

게다가 선하시면서도 우유부단하셨던 아버지의 성품이 어린 마음엔 답답하게, 때론 무능하게 느껴지기도 했습니다. 싫지만 표현할 수 없었고, 거부감이 드는데도 도저히 내색할 수 없었던 마음… 저는 슬며시 아버지를 피했고, 그러면서도 그런 저 자신을 미워하며 홀로 깊이 우울해지곤 했습니다.

주르륵 눈물이 흐릅니다.

아버지, 아버지에게 저의 이 마음이 어떻게 들리실까요? 그때는 미처 몰랐습니다. 철없던 어린 날의 제 마음을 용서해 주세요. 아버지의 사랑을 알면서도 제가 하고 싶었던 것들이 너무 많았습니다. 공부가 너무 재미있었고, 공부를 많이 하면 뭐든 이룰 수 있을 것 같았어요.

그래도 아버지, 비록 가고 싶은 대학에는 가고 싶을 때 못 갔지만, 인생이라는 '큰 배움'을 아버지를 통해서 배웠습니다. 자라면서 받지 못했던 부족함이 아버지께 대한 그런 감사함을 가리지는 못하지요.

아버지가 계셔서 생명을 받았습니다. 신앙을 갖게 됐고요. 덕분에 수도자가 되어 하느님과 이웃을 섬기며 살고 있어요. 다 갖고

다 채워서 얻는 기쁨도 있겠지만, 저는 아버지와 어머니를 통해 가난의 신비를 알게 됐어요. 가난은 그 무엇으로도 살 수 없는 저의 자산입니다.

또한 배부르게 먹어도 사라지지 않던 허기, 그 마음의 공허와 상처를 통해 타인의 마음에 닿는 법을 배워갑니다. 감사합니다. 아버지!

아버지, 한 가지 더 정말 죄송했는데, 말씀 못 드린 일이 있습니다.

집에 휴가를 갔다가 돌아올 때면 항상 버스 정류장까지 데려다주곤 하셨던 아버지. 짧은 골목길이었지만 아버지와 손을 잡고 버스 정류장까지 걸었지요. 함께 걸으며 다른 가족들 틈에서 미처 다 못한 이야기도 나누고 가끔 용돈도 건네주셨던 아버지의 배웅…

버스 정류장에 서서 "이제는 그만 들어가세요" 하고 말씀드려도 꼭 버스가 올 때까지 기다리셨죠. 그리곤 제가 탄 버스가 출발해서 멀어질 때까지 손을 흔들어 주시던 아버지. 그 손짓에서 아버지의 기도를 들었고, 아버지의 마음을 읽곤 했습니다.

"가족들 걱정하지 말고 잘 살아. 건강해라!"

버스 창밖으로 아버지께 손 흔들며 때론 뭉클해서 울기도 했었어요. 점점 늙어가시는 모습이 서러웠습니다.

걱정하시니, 내색은 안 했지만 가끔은 수녀원에 돌아가기 싫은 날도 있었어요, 아버지. 괜히 싫은 어떤 수녀님과 부딪히는 것이 괴로웠거든요. 제가 좋아서 들어간 수녀원이지만, 늘 좋을 순 없었습니다. 수녀님들이 다 천사는 아니었으니까요. 물론 저도 천사가 아니잖아요. 아버지, 그래서 버스가 오지 않기를 바라던 날도 있었답니다. '수녀원 나와서 아버지하고 살까?' 하는 생각도 했었어요.

그런데, 그런 아버지의 배웅이 부담스러웠던 때가 있었습니다. 아버지가 말기 암 선고받으시고, 가족들이 모였을 때로 기억됩니다. 아프신 아버지의 배웅을 받는 건 아니다 싶었어요. 아니, 때로는 배웅을 안 나오셔도 아버지의 마음을 충분히 아니까 문 앞에서 인사만 하고 싶었습니다. 저 보내고 아픈 아버지께서 혼자 돌아오실 그 쓸쓸함이 느껴졌거든요, 그래서 극구 나오지 말라고 했었지요.

그런데도 주섬주섬 옷을 갖추어 입고 준비하시는 아버지를 피해 혼자 달아나듯 나왔습니다. 그리곤 얼른 다른 골목으로 숨어버렸어요. 곧이어 내려오신 아버지께서 저를 못 찾고 다시 집으로 올라가실 때까지 숨어 있었지요.

그때는 왜 그랬을까? 지금 떠올려도 마음에 어둠이 드리워지면서 한숨이 나요. 후회가 밀려옵니다. 이제는 받고 싶어도 못 받는 아버지의 배웅!

아버지, 그날 정말 죄송했습니다.

아버지, 이제는 배웅이 아니라, 하늘나라에서 저를 맞이해 주실 나의 아버지! 아버지 떠나시고 어느덧 10년이라는 세월이 흘렀지만, 제 마음속 아버지는 여전히 그때 그 모습 그대로 살아계십니다.

제 얼굴에 주름이 늘고 흰머리가 소복하게 내려앉아도, 아버지 앞에서 저는 여전히 어린 딸입니다. 그게 참 좋고 행복합니다. 어른인 척, 괜찮은 척 어깨에 힘주지 않아도 그저 있는 그대로의 저를 품어 주실 당신이 계셔서… 얼마나 감사한지 모릅니다. 아버지, 고맙습니다.

아버지, 보고 싶습니다!

3부

밤하늘은 별들로 가득하다

뽀얗고 작은 얼굴로 배시시 웃으며 유치원에 첫발을 내딛던 동주야,
이제는 아픔 없는 하늘나라에서 행복하게 뛰어놀고 있겠지. 앞니 빠진 채 웃는
너의 해맑은 모습에 우리 함께 웃음꽃을 피웠있는데, 이제 그 모든 행복이
가슴 저미는 그리움으로, 하염없는 눈물로 흐르는구나. 이 슬픔을 넘어
죽음을 통해 깨닫게 된 생명의 유한함과, 곁에 있는 이들의 소중함을
마음 깊이 새기고 더욱 사랑하며, 언젠가 하늘나라에서
다시 만날 날을 소망하며 기도할게.

소설 〈운수 좋은 날〉과 씨클로

몇 년 전, 베트남의 다낭으로 성지순례를 갔을 때의 일이다. 씨클로†를 타며 문득 현진건의 소설 〈운수 좋은 날〉이 생각났다.

　소설에 주인공으로 등장하는 김 첨지는 가난한 인력거꾼이다. 그의 병든 아내는 설렁탕을 먹고 싶어 하지만, 그에게는 그럴 돈이 없었다. 어느 날, 아내는 평소와 다르게 '일 나가지 말고 함께 있어 달라'고 부탁한다. 그걸 뿌리치고 일을 나간 그날, 그는 운수 좋게도 많은 손님을 태우고 돈을 번다. 그리곤 호기롭게 설렁탕을 사 오지만, 그의 아내는 세상을 등진 뒤였다.

† 씨클로는 cycle의 베트남식 발음. 모양은 삼륜자전거형. 두 바퀴가 앞을 향하여 움직이는데 동력이 없이 사람이 페달을 밟아 전진하는 형식이다.

씨클로는 사람이 끄는 인력거와는 조금 다르다. 그래도 왠지 인력거와 같은 애환이 느껴진다. 자동차와는 달리 그들의 육체적 노동을 엔진 삼아 움직이기 때문이리라.

씨클로를 타고 둘러본 다낭의 골목골목, 상점과 화려한 등불, 강을 사이에 두고 놓인 좌판들. 그 속으로 삶을 꾸려가는 베트남 사람들과 여행객들이 섞인다. 현지인들이나 여행자들이나 우린 모두 길 위의 사람들이니 소설 '운수 좋은 날'처럼 삶은 어쩔 수 없는 반전을 품고 있으리라.

그럼에도 불구하고 씨클로를 타고 있는 나와 순례자들, 그리고 씨클로 운전사, 베트남 현지인들 모두에게 진정으로 운수 좋은 날들이기를!

씨클로 아저씨, 저는 지금 당신이 운전하는 씨클로에 여유롭게 앉아 다낭 시내를 휘휘 둘러보고 있습니다. 당신이 두 발로 연신 페달을 밟으며 동력을 만들어 움직이는 씨클로가 천천히 부드럽게 움직입니다.

동승한 지인과 웃으며 담소를 나누다 당신의 모습을 흘끗 보았어요. 넓은 모자챙 아래로 검게 그을린 중년 남자의 얼굴이 보입니다. 의자에 편안히 앉아 있는 것이 황송하기도 하고, 민망하기도 하고, 고맙기도 하고 이런저런 감정이 몰려옵니다.

한편 자전거를 즐겨 타시던, 지금은 하늘나라에 계신 제 아버지 생각에 목이 메기도 했어요. 아빠와 함께라면 좋았을 텐데…

아버지는 자전거로 마장동 축산시장에서 고기 나르는 일을 하셨어요. 도축한 고기들을 소매업자에게 넘기거나, 운반하셨지요. 아버지의 자전거에 실린 것은 우리 가족이기도 합니다.

바람이 많이 불거나 추운 겨울, 그리고 비 오는 날의 자전거는 취약한 운송 수단이었어요. 특히나 운전자에게는 힘든 날이었지만, 아버지는 매일 성실하게 일을 하셨습니다. 몸이 약하셔서 아픈 날들도 많았지만, 아침이면 어김없이 자전거를 끌고 일을 나가셨어요.

그러면서 오토바이를 갖고 싶어 하셨는데, 그걸 이루지는 못하셨습니다. 아니, 큰맘 먹고 오토바이를 사신 적이 있기는 해요. 저를 오토바이 뒤에 태우고 동네 한 바퀴를 돌며 너무나 기뻐하셨지요.

"인숙아, 어때? 오토바이 빠르지? 하하…"

"아버지 오토바이, 진짜 멋지다!"

"이 오토바이로 달리면 돈도 더 많이 벌 수 있단다."

그런데 그날 밤, 오토바이를 도둑맞고 말았어요. 정말 가슴 아픈 일이었습니다. 지금 생각해도 가슴이 저려옵니다. 아버지께서 상심하시던 표정을 잊을 수가 없어요. 〈운수 좋은 날〉의 김 첨지 심정이랄까…

그래도 아버지는 다시 일어나셨고, 아버지의 자전거는 삶의 파도를 넘어 달렸습니다. 아버지의 자전거가 위대해 보였어요. 어린 마음에 안심이 되었고, 희망이 "따르릉 따르릉" 명랑하게 울리는 것 같았지요.

씨클로 아저씨, 고맙습니다.

오늘 씨클로를 타며 아버지를 만났습니다. 가난하고 조금은 부족한 것이 불편하지만 좋은 것이기도 함을 기억합니다. 오토바이가 아닌 아버지의 자전거가 저를 키웠고, 어려움 속에서도 다시 일어서는 지혜를 배웠으니까요.

저녁 바람이 씨클로를 따라옵니다. 아버지의 자전거가 앞서갑니다. 아버지의 환한 미소가 밤하늘에 걸립니다.

가난을 나누어 먹던 아름다운 시절

추억으로 먹는 음식이 있다. 아버지가 생각날 때 먹는 음식, 나에게는 김치가 올려진 잔치국수가 그러하다.

국수 그릇에 소면을 사리 지어 담고는 멸치육수와 준비한 고명을 올리고 양념장을 적당하게 넣으면 후루룩 짭짭 맛있는 국수 소면 요리가 탄생한다. 멸치가 놀던 맑은 바다가 입안에 깔끔하게 배고, 소면의 쫄깃하고 찰진 맛에 한 그릇 뚝딱 비우게 되는 잔치국수…

내가 초등학교에 들어가기 전에 우리 집이 국수 장사를 했었다는 이야기를 아버지께 들었다. 내 기억에는 아주 어렴풋하다. 아버지께서 어떤 기계 앞에서 국수처럼 하얀 면티를 입고 웃고 계신 장면이 떠오른다. 아마 국수를 뽑고 계셨으리라.

하지만 아버지와 국수를 함께 먹었던 기억은 사실 없다. 그런데도 국수는 내게 아버지를 떠올리게 한다. 자주 체하는 편이어서 밀가루 음식은 먹지 말라는 의사의 권유에도 국수만큼은 체하지 않고 먹을 수 있는 음식이다. 특히 김치가 올라간 잔치국수를 좋아한다. 국수는 김치와 먹어야 제맛이다. 엄마표 김장 김치와 함께 뜨끈하게 먹고 싶다.

시골에서 자라던 시기에 좋았던 몇 안 되는 장면에도 국수가 나온다. 마을에 잔치가 있을 때면 꼭 등장하는 잔치국수. 그 잔치가 뉘 댁 결혼식이었는지 아니면 어느 어르신 환갑이었는지는 기억나지 않는다. 다만 천막을 친 마당에 분주하게 오가는 사람들과 웃음소리가 있고, 큰엄마 옆에 앉아 국수를 후루룩 먹던 단발머리 내가 떠오른다.

먹을 것이 귀했던 시절이라 동네잔치가 있는 날은 그야말로 축제였다. 지글지글 전이 익어가던 검은 솥뚜껑과 찌그러진 막걸리 주전자, 동네 어르신들의 어깨춤 등 단편적인 장면들이지만 흥겨운 날이었다. 그 시절 잔치의 맛은 국수 맛이었고, 사람 사는 맛이기도 했다.

잔치국수와 함께 내게 아버지를 떠올리게 하는 음식에 찐 밤이 있다. 어린 시절, 아버지께서는 밤을 잘 까주셨다. 잔병치레를 많이 해서 비쩍 말라 있던 내가 야무지고 건강하게 자라기를 바라는 아버지 마음이 밤 한 톨 한 톨에 담겨 있었다. 익은 밤을 아주 예쁘게, 부서지지 않게 까서 내 입에 넣어 주시거나 내 앙증맞은 손바닥에 올려주시곤 했다.

"아빠, 맛있어요!"

"많이 먹어. 많이 먹고 밤벌레처럼 통통해지렴."

"밤벌레요? 벌레는 싫어요."

얼굴 가득 미소를 지으시며 밤을 건네주던 아버지의 표정이 살아 있다. 아버지가 찐 밤을 까서 실에다 엮어 밤 목걸이를 만들어 주신 적도 있었는데, 온종일 책을 보거나 놀면서 아버지가 목걸이로 만들어 주신 밤을 하나씩 빼먹었다.

그렇게 아버지가 까주시던 밤을 받아먹기만 하던 나는 어른이 된 지금도 스스로 밤을 까먹지 않는다. 아니, 아버지께서 돌아가신 뒤로는 밤 자체를 잘 먹지 않게 되었다. 밤을 까먹는 일이 왠지 서럽고, 그 순간마다 아버지 생각에 목이 멘다. 이제 더 이상 밤을 까주시던 아버지가 곁에 계시지 않다는 사실이 실감 난다.

내가 아버지와 함께 먹던 것들, 아버지가 챙겨주던 음식들은 하나같이 그리움이 되었다. 생각해 보면, 나는 아버지를 닮은 구석이 꽤 많다. 그중 하나가 겉절이를 좋아하는 입맛이다. 겉절이라는 말만 들어도 벌써 입안에 군침이 돈다. 흰 쌀밥 위에 척 얹어 먹는 배추겉절이의 맛은 매콤달콤하다. 깨소금이 솔솔 뿌려진 겉절이는 참기름 향이 돌며 고소하다. 맛깔스럽다. 밥을 크게 한술 떠서 겉절이를 얹어 먹던 밥상의 풍경이 떠오른다. 별 반찬 없이 큰 대접에 겉절이만 놓고도 행복했다.

"아빠, 매워요. 매운 데도 맛있어서 자꾸 먹게 돼요."

"밥하고 같이 먹어야지. 겉절이만 먹으면 나중에 속 아파."

젓가락 오가는 소리, 입안에서 김치가 "아삭아삭" 내는 소리, 매워서 코훌쩍이는 소리, 밥 한 공기 후딱 비우고 밥공기 긁는 소리…

"엄마, 밥 더 주세요!"

인생을 살맛 나게 하고, 허기질 때 위로해 주는 건 값비싼 무엇이 아니었다. 추억이 얹어진 잔치국수 한 그릇, 찐 밤 한 알, 배추겉절이 한 접시의 소소한 것들이다.

인생에서 먹는 것을 빼면 뭐가 남을까? 나이도 먹는다고 하지 않는가. 세월이 흘러 어떤 것들은 퇴색하고 낡아가지만, 사랑하는 사람과의 추억은 깊어만 간다.

손에 피는 꽃

손톱을 깎다가 문득 봉숭아 물들여주시던 아버지 생각이 났다. 초등학교 때였을 것이다. 아버지와 머리를 마주하고 앉은 여름밤, 아버지는 봉숭아 꽃잎과 잎사귀 그리고 백반을 넣어 곱게 으깨셨다. 잘 빻아진 붉은 반죽을 내 손톱에 올려주시던 모습이 눈에 선하다. 백반은 착색을 잘 시키며, 조금 섞는 잎사귀는 빛깔을 더 곱게 해준다고 한다.

잠결에 빠져나갈세라, 무명실로 꽁꽁 동여매 주셨다.

"손가락이 답답하고 가려워도 잘 참어. 알았지?"

"네, 아침에 세수는 어떻게 해요?"

"자고 나면 풀어도 돼. 하룻밤만 꾹 참으면 예쁘게 물들어 있을 거다."

아버지의 얼굴은 미소로 물들고, 내 손톱에는 꽃물이 들던 봉숭아 물들이기! 손가락이 얼얼해도 참고 아침이 오기를 기다렸다. 새벽같이 일어나 부스스한 얼굴로 손가락 끝, 꽃물 든 손톱을 보며 신기해했었지.

손가락에 묶어둔 무명실이 잠결에 헐거워지기라도 하는 날엔 귀찮아하지 않으시고 다시 정성껏 물들여주셨다. 어느 여름에는 아침까지 못 기다리고 빼서 살펴보다 내가 어설프게 묶어서인지, 손톱보다 손톱 주변이 빨갰던 기억도 있다.

아버지는 봉숭아 물들이기를 누구에게서 배우셨을까? 할머니가 아버지 어릴 때 알려주셨을까, 고모님이 남동생 앉혀놓고 당신 손가락에 무명실 잘 묶어달라며 손을 내미셨을까? 생각만으로도 봉숭아 물들이는 풍경은 정겹다.

별빛 초롱초롱한 여름밤, 저녁상 물리고 마당 평상에 두런두런 모였겠지. 아버지는 3남 1녀의 막내셨다. 할머니께서 봉숭아 꽃잎 따다 백반 섞어 으깨어 고모님 손에 올려주실 때, 어린 우리 아버지도 곁에서 함께 물들여달라 했는지도 모르겠다. 그런 추억이 좋아서 아버지는 여름이면 딸들을 모아놓고 봉숭아 물들이기를 해주셨나 보다. 할머니를 기억하며, 고모를 그리워하며…

어릴 때는 그런 생각을 못 했었는데, 돌아보니 아버지 마음의 풍경이 그려진다. 그래서 나도 아버지께서 해주시던 봉숭아 물들이기를 유치원 원장으로 있을 때, 우리 유치원 유아들에게 해주곤 했다. 집에서처럼 하룻밤을 잘 정도의 긴 시간이 아니어서 잠깐 낮잠 자는 시간에 해주어도 아이들 손톱에는 제법 붉게 물들었다. 보기 좋았다. 아이들도 재미있어했다.

봉숭아는 꽃잎이 봉황을 닮았다 하여 순수한 우리말로 "봉숭아"라고 부르며, 한자로 쓸 때는 봉선화鳳仙化라고 한단다. 그리고 봉선화로 손톱을 물들이는 것은 손톱을 아름답게 하려는 마음도 있지만, 붉은색이 벽사辟邪의 뜻이 있으므로 악귀로부터 몸을 보호하려는 민간신앙의 의미도 포함되어 있다고 한다.

무엇보다 봉숭아 손톱 물들이기는 혼자서는 못한다. 함께해야 하고, 기다려야 한다. 답답하고 가려워도 참아야 한다. 때로는 얼얼하기까지 한 시간을 지나야 예쁘게 물든 손톱을 볼 수 있다. 그래서 첫눈 올 때까지 손톱에 색깔이 남아 있으면 첫사랑이 이루어진다는 이야기가 함께 전해져 오는가 보다.

사랑은 그렇게 시간의 길을 따라 물드는 것이다. 상대가 나에게 물들기까지, 내가 상대에게 물들기까지 기다려야 한다. 순간 불붙듯 시작된 첫사랑이 가을의 쓸쓸함을 견디고 드디어 겨울을 맞이하면 이루어질 수 있을 것 같기도 하다.

아버지의 사랑으로 물든 나는 새끼손가락 끝에 남아 있는 봉숭아 꽃물 위로 첫눈이 내려앉는 날, 아련한 눈빛으로 아버지를 기억해야지. 내 인생의 첫사랑 나의 부모님, 나의 아버지를 생각하며 정태춘 작곡, 박은옥 작사의 〈봉숭아〉 노래를 흥얼거려본다.

초저녁 별빛은 초롱해도
이 밤이 다하면 질 터인데
그리운 내 님은 어디를 가고
저 별이 지기를 기다리나.

손톱 끝에 봉숭아 빨개도
몇 밤만 지나면 질 터인데
손가락마다 무명실 매어주던
곱디고운 내 님은 어딜 갔나

별 사이로 맑은 달
구름 걷혀 나타나듯
고운 내 님 웃는 얼굴
어둠 뚫고 나타나소

초롱한 저 별빛이 지기 전에

구름 속 달님도 나오시고

손톱 끝에 봉숭아 지기 전에

그리운 내 님도 돌아오소.

그때의 햇살과 바람

내가 수녀원 입회를 앞두고 허락을 구하고자 아버지와 안방에 마주 앉았다.

"아버지, 저 수녀 되려고 해요."

어쩌다 보니 부모님 두 분께 따로 말씀드리게 되었지만, 엄마는 덤덤하게 이미 예상이라도 하셨다는 듯이 '네가 좋으면 가라'고 하셨다. 그런데 아버지께서는 대답을 안 하신다.

"아버지, 저 이번 가을에 수녀원에 입회하려고 해요."

"……"

부모님 모두 반대하지 않으실 것이라는 확신 때문에 가볍게 생각하고 있었는데, 순간 당황이 되었다.

'어, 이게 아닌데…'

예상 못한 상황에 머릿속이 하얘지면서 아무 말도 떠오르지 않았다.

아버지로부터 신앙을 받았고, 아버지와 새벽 미사 다니며 신앙을 키웠다. 내가 성당에서 하는 활동에 참여하는 것은 무엇이나 반대 않으시고 밀어주셨던 아버지셨다. 중고등학교 시절 성당에서 진행하는 2박 3일 여름 캠프와, 주일학교 학생회 부회장을 하며 문학의 밤이든 연극으로 귀가가 늦어도 성당 활동이라고 하면 적극적으로 지원해 주셨었다. 고등학교를 졸업하고 청년회 활동으로 남녀 청년들이 함께 1박 2일, 혹은 2박 3일 단합대회를 갈 때도 장소 정도를 물으셨을 뿐 모두 허락해 주시던 아버지셨다. 그만큼 나를 믿어주셨다.

아버지 말씀으로는 내가 서너 살 때부터 '수녀'가 되겠다고 했단다. 내 의식에 그 기억이 뚜렷이 남아 있지는 않지만, 내가 기억하는 한에서는 중학생 때부터 수녀가 되고 싶었다. 그 길이 내 길이라는 막연한 부르심을 느꼈다고나 할까.

내가 수녀원에 가려고 할 당시에는 사촌 오빠도 신부님이 되고자 신학교에 다니고 계셨고, 사촌 언니도 이미 수녀님이셨다. 그러니 내가 '수녀 되겠다'라고 말해도, 아버지에게 그리 놀라운 일은 아니셨을 것이다.

사실 나는 고등학교 때부터 수녀원에서 하는 모임에 다니며 어느 수녀회로 갈까를 고민하고 있었다. 그래서인지 성당 친구들 대부분은 내가 수녀 되는 것을 당연하게 여겼다. 고등학교를 졸업하면 바로 수녀원에 들어갈 생각이었지만, 사회생활을 먼저 해보라는 권유에 마음이 흔들렸다. 결국 앞으로의 수도 생활에도 도움이 될 거라는 조언을 받아들여 5년 동안 직장생활을 했다.

그리고 이제 가고 싶은 수녀회를 찾았기에 입회하려고 아버지께 말씀드리는 자리였다. 나의 수녀회 입회를 아버지께서도 당연히 예상하고 계셨으리라. 그러므로 수녀회에 입회하는 것에 대한 허락을 구하는 것이 아니라, 입회해서 들어가 살 수녀회를 말씀드릴 참이었다.

한참 대답이 없으시던 아버지께서 뜻밖에도 "안 가면 안 되냐?" 하신다. 말씀하시는 아버지의 미간에 깊은 주름이 잡힌다.

이번엔 내가 할 말을 잃었다. 서운하면서 약간의 배신감 마저 들었다. 신앙이 없으신 분도 아니고, 그간 그렇게 딸의 성당 활동과 신앙생활을 지지해 주시던 분이 아니시던가! 당신도 성당 활동을 열심히 하시며 기도하시는 분이신데, 이 무슨 예상치 못한 상황인가!

내가 아무 말을 못 하고 있자, 아버지께서 말씀하신다.

"수녀 되면 고생스럽잖어."

순간 아버지의 반대에 숨은 사랑이 "훅" 들어왔다. 딸자식의 행복만을 바라시는 아버지의 마음! 신앙인이기 이전에 아버지는 나의 아버지셨다. 딸이 고생 안 하고, 한 남자의 사랑을 받으며 행복하게 잘 살았으면 하시는 아버지의 바람이었다. 성당을 대충 다니신 게 아니라, 누구보다 열심히 다니시며 수녀님들을 가까이에서 만나셨던 아버지는 헌신적인 수녀님들의 모습이 고생스러워 보이셨나 보다.

아버지의 사랑을 느꼈지만, 수녀원 입회를 반대하시는 아버지 앞에서는 내색하지 않았다. 정말 수녀원에 못 가게 될까 봐 두려웠다. 아버지와의 어색한 침묵은 그 후 며칠간 계속되었다. 결국 아버지는 나의 수녀원 입회를 허락해 주셨다.

"대신 후회하지도 말고, 행복해야 한다."

그때 아버지 말씀대로 나는 후회하지 않는다. 그리고 늘 행복하지는 않지만, 행복한 날들이 많다. 그래서인가, 아버지도 이제는 우리 세 자매 모두가 수녀 되어도 좋겠다시며 활짝 웃으신다. 그런데 돌아보면, 그때 만약 아버지께서 너무 쉽게 수녀원 입회를 허락해 주셨어도 약간은 서운했을 것 같다.

수녀님들 가운데는 부모님이 반대하셔서 몰래 입회하시는 분도 계신다. 어떤 분은 수녀원에 입회했는데도 날마다 가족들이 수녀원에 찾아와 반대하시는 바람에 결국 집으로 가신 분도 있었다고 들었다. 그런 심한 반대가 때로 가족 간의 끈끈한 유대와 사랑으로 읽히기도 하기에, 아버지의 그때 반대가 고맙게 기억되기도 한다.

아버지의 딸이어서 행복합니다

1998년 기간서원자† 때의 일이다. 버드내 본당에서 본당수녀로 1년 간 소임하고 대수련을 받기 위해 떠나오던 날이었다. 평소에 자주 뵙고 활동하던 성모회 총무님이 "그런데 우리 효경 수녀님이랑 1년 씩이나 있었는데 본명도 모르네. 수녀님 수도명‡은 뭐예요?" 하신 다. 아, 이럴 수가! 그렇게 "효경 수녀"라 부르면서도 수도명이라는 것을 모르고, 세속 이름인 줄로만 알고 계셨던 것이다.

† 수도자는 하느님의 부름을 받은 청년이 어떤 수도회에 입회를 함으로써 그 삶이 시작된다. 대개 지원기, 청원기, 수련기와 같은 초기 양성과정 3~4년을 거친 다음 수도서원(첫서원) 을 발하게 되고, 이후에도 몇 년 동안 더 기간제 서원자(유기서원자)로 살다가 종신서원이라 는 것을 함으로써 완전히 그 수도회의 일원이 된다.

‡ 수도자가 되면 하느님께 온전히 봉헌하는 삶을 선택하는 것이기에 새로운 이름인 수도명 을 받는다. 대부분 수련자가 될 때, 또는 처음으로 유기서원(첫서원)을 할 때 수도명을 받게 된다.

내가 "저는 최효경 수녀입니다"라고 자기소개를 하면 사람들은 재차 수도명를 묻거나 한국 성인 중의 한 명이라고 생각해서 "효주아네스" 성인의 자매 정도로 생각하시곤 한다. 그래서 요즈음은 "저는 최효경 수녀이며, 수도명이 '효경'이고 주민등록상 이름은 '인숙'입니다. 효경은 한국 성인 이름이 아니라, 성령의 7가지 은사 중 하나입니다"라고 소개한다. 그러면 그제야 대부분 "아~" 하거나 "그렇게 해도 돼요?" 하는데, 간혹 이런 농담을 건네시는 분도 계신다. "효경 수녀님보다 효경 스님이 더 어울려요."

거기다 축일이 6월 1일이어서 유스티나 성인과의 연관성을 묻는 분도 있는데, 그런 건 아니다. 최근에는 같은 수도회 소속 대구 수녀원에도 최효경 수녀가 있다 보니, 나를 대구 어느 대학에서 봤다는 분도 있어서 수도명과 함께 서울수녀회 소속까지 밝혀야 질문 없이 조용히 자기소개가 끝난다.

그런데 나는 왜 효경인가? 연유인즉슨, 유아세례를 받을 때의 본명†은 데레사였는데, 우리 수련소 시절에는 데레사 본명 가진 자매들이 많아 데레사, 테레즈, 데레시나, 레사 등으로 불렸고, 나는 그냥 성을 붙여 "최데레사"였다. 그런데 첫서원을 앞두고 수도명을 정할 때는 이미 데레사 수녀님이 계시어 나는 '데레사'를 받을 수

---

† 세례명이란 가톨릭교회에서 세례를 줄 때 신자에게 부여하는 이름으로 영명, 영세명, 본명 등이라고도 한다.

없었다. 그때 특별히 다가오는 성인이 없어서 고민하던 중 수녀원 게시판에서 영감을 받게 되었다. 다른 수도회에서 보내오는 첫서원, 종신서원 카드를 유심히 보며 다른 수녀님들은 어떤 이름을 받나 살펴보기를 여러 날 하는 중에 "효경"이라는 이름이 눈에 띄었고, 이거다 싶었다.

효경^{孝敬}은 지혜, 의견, 지식, 통달, 굳셈, 두려움과 함께 성령의 7가지 은사이다. 마음 안에 하느님께 대한 사랑을 일으켜 주어 하느님을 참 아버지로 섬기며 그와 더불어 기쁨이 충만한 삶을 살도록 이끌어 주는 은사이다.

그때는 내가 지금보다 기운 없어 보이고 아파 보인다는 말을 자주 듣던 때였다. 그래서 성령의 은혜를 받아 기운차게 변화된 모습으로, 성령 충만한 삶을 살아보리라는 각오와 기대가 있었다.

또한 나름대로 예수성심, 예수님의 마음에 대한 공경에 더 의미를 두고 기도했던 수련소 시절이었기에 효경^{孝敬}, 하느님 아버지께 효도하고 이웃을 사랑하는 것이 예수님의 마음이며 복음의 핵심이라는 생각이 들었다.

결정적으로는, 하느님을 참 아버지로 섬긴다고 했을 때 떠오르는 아버지에 대한 이미지가 좋았다. '아버지'를 떠올리면 아버지 손잡고 미사 다니던 새벽 골목길과 함께 아버지의 사랑이 전해져 온다. 사춘기 때는 괜스레 미워도 하고 원망도 했던 아버지이지만, 나에게 아버지는 신앙의 모태이고 삶의 모범이다.

이제는 하느님 나라에서 안식을 누리고 계실 나의 아버지! 아버지의 임종을 지키지 못한 것이 이 딸에게는 오래도록 아픔이었습니다. 지금도 그 생각을 하면 눈물이 솟는 나의 아버지! 제 수도생활과 제 수도명은 아버지가 있어 가능했고, 아버지께서 지켜주시고 버팀목이 되어 주셔서 살 수 있었어요.

아버지, 지금 계신 곳에서는 고통 없이 행복하시지요? 아버지의 암 투병 6개월 동안 아버지는 병고에 시달리셨지만, 저에게는 그나마 아버지를 자주 뵈며 시간을 함께할 수 있어서 감사했습니다. 하느님께서 아버지께 효도하라고 기회를 주신 것 같았어요. 수도명이 효경인데, '아버지께도 효도 못 하면서 하느님께 무슨 효도를 하겠어'라는 자책과 이름값을 하고 싶은 갈등도 있었지요.

모든 성인과의 통공을 믿으며 지금도 하늘나라에서 저를 위해 기도하고 계실 나의 아버지! 저는 다른 그 무엇도 아닌 수도 생활 자체가 너무 좋았던 첫 마음으로 살고 싶습니다. 하늘나라에서 아버지를 뵙는 그 날까지 하느님께 효도하는 마음 따뜻한 수도자로 살 수 있도록 기도해 주세요. 아버지, 사랑합니다! 아버지의 딸이어서 행복합니다.

하느님 아버지, 고맙습니다!

오직 나를 위해 기도하는 사람

저 숲 어디선가 뻐꾹 뻐꾹 소리가 들려온다. 뻐꾸기 소리를 들으면 나는 엄마를 묻고 내려오던 그 날의 산길에 서게 된다. 아무런 준비 없이 맞이한 엄마의 죽음은 슬픔보다는 놀람이었다.

그에 비하면 아버지는 말기 암 진단을 받으시고, 호스피스 병동에 계시는 동안 이별을 준비할 수 있었다. 그러나 준비가 되었든 아니든 죽음 앞에 선 이별은 아팠다.

5월에 신부님과의 개인 면담이 있었다. 내 이야기를 들으신 신부님께서 아버지, 어머니 그리고 나의 모습을 그림으로 표현해 보라고 하셨다. 그리곤 부모님으로부터 받은 상처들을 헤아려 주셨다.

이후 가족 그림을 놓고 기도하는데 어머니가 아닌 아버지가 눈에 들어왔다. 가족 그림에서 내 팔 모양이 마치 아버지에게 따지려는 듯한 기세다. 그러면서 불쑥 "아빠, 왜 나 버렸어?"라는 말이 튀어나와 깜짝 놀랐다.

"아빠, 그때 왜 그랬어? 왜 말도 없이 가버렸어?"

평소 다정하셨던 아버지에게 한 번도 그런 생각을 해본 적이 없었고, 오히려 엄마가 나를 버렸다고 원망했었다.

성령강림 대축일 기도하기 위해 머물던 경북 칠곡의 '한티 피정의 집'에는 비가 내렸다. 한티 피정의 집은 한티 순교 성지 안에 있었다. 한티는 순교자들이 살고 죽고 묻힌 곳으로 순교지와 교우촌이 함께 존재하는 곳이다. 순교자 무덤을 따라 십자가의 길이 이어지고, 옛날 공소인 억새 마을도 자리했다. 나는 성령을 기다리는 마음으로 하느님의 뜻을 찾아 서성였다.

그칠 듯 그치지 않고 오후까지 내리는 빗속에 우산을 쓰고 순교자묘역 '십자가의 길'을 따라 기도했다. 우산을 두드리는 빗소리에 마음이 더없이 차분해져 갔다. 십자가를 지고 가시는 예수님과 순교자 그리고 빗속에 서 있는 내 마음이 포개져 자주 긴 침묵에 잠겼다.

'십자가의 길' 기도를 마치고, 옛날 교우촌인 억새 마을을 좀 더 걸었다. 들꽃들을 바라보며 걷는데 갑자기 목이 멨다. 눈물이 나며 아버지 생각이 났다.

'아버지도 어린 나를 두고 가시면서 우셨겠구나, 가난이 서러

우셨겠구나, 내가 울며 안 떨어지면 당신 마음이 더 힘들어질 것 같아 말도 없이 가신 거구나.'

그러면서 유년의 기억들이 떠올랐다.

가난이 등 떠밀어 아버지께서는 고향인 경기도 용인을 떠나셔야 했다. 용인 큰댁에 오빠를 맡긴 채 살길을 찾아 서울로 올라왔다. 그때 자리 잡은 곳이 삼양동 달동네 단칸방이었다. 그 후 내가 네 살 될 무렵, 아버지는 초등학교 입학할 때가 된 오빠를 데리고 올라와야 했다. 그러나 그 단칸방에는 외삼촌도 있었고, 곧 동생도 태어날 상황이었다. 그래서 아버지는 재롱쟁이 나를 용인 큰댁에 맡기고, 대신 오빠를 데리고 올라오셨다.

언젠가 노을 담긴 눈빛으로 '큰댁에 있으면 적어도 밥은 안 굶을 것 같았지' 하시던 아버지… 그런데 아버지, 어린 시절을 회상하면 성난 큰아버지에게 종아리 맞던 기억부터 떠오릅니다. 네 살 정도 된 내가 시골길을 울며 걷습니다. 어떤 날은 무슨 일인지 캄캄한 방에서 내 입을 막고 웁니다. 거기다 동네 아이들은 저를 부모 없는 아이라 놀려댔어요. 초등학교 입학을 위해 서울 간 오빠는 큰엄마 큰아버지에게 친아들 같은 존재였었으니, 자식이 없었던 두 분에게는 오빠에 대한 그리움이 가득했습니다. 울기만 하는 계집아이인 제 자리는 없었어요. 천덕꾸러기 눈칫밥 먹던 어린 마음은 늘 혼자

였습니다. 동네 아이들이 놀려도 달려가 이르고 하소연할 내 편이 없었어요. 기댈 언덕이 없어 풀 죽어 돌아선 내 뒷모습이 보입니다. 그 작은 어깨 위로 저녁 어스름이 얹어지고 배까지 고파오는 데 갈 곳이 없었지요.

아버지, 지금도 그런 저녁일 때가 있어요. 아무리 둘러봐도 내 편은 없고, 하느님마저 상대편인 것 같아 구멍 난 가슴에 찬 바람이 스치는 밤일 때는 자신을 스스로 지우고만 싶었습니다.
'아무도 나를 원하지 않아. 내 편이 없어…'

집 휴가를 마치고 수녀원으로 돌아올 때면 꼭 버스 정류장까지 나와 버스 창문 너머로 손 흔들어 주시던 아버지! 그것이 아버지만의 사랑법이었는데, 그때는 그걸 미처 다 헤아리지 못했어요. 나오지 마시라고 극구 말려도, 의식을 행하듯 꼭 버스 정류장까지 나오시던 아버지. 수녀 딸 배웅하고 돌아서 가시며 더 간절히 저를 위해 기도하셨을 아버지의 배웅…

그러나 저는 아버지를 배웅해 드리지 못했어요. 아버지의 임종을 지키지 못했습니다. 임종 때 저를 기다리지 않고 선종하신 것이 오래도록 서운했어요. 억지 부리며 떼쓰는 아이처럼 '그래도 그렇지, 인사는 하고 가야지' 하는 생각뿐이었습니다. 죽음의 시간은 인간이 조절할 수 없음을 알면서도 서운한 마음이 가라앉지를 않았지요. 마치 시골에서 말없이 가신 그날의 일인 양, 시골에 혼자 남겨졌던 그 아이로 퇴행하고 있었나 봅니다.

비바람에 술렁이는 나무들에 문득 아버지의 모습이 겹쳐집니다. 성령의 은혜로 '눈에서 비늘 같은 것이 떨어져'(사도행전 9,18) 이제야 비로소 아버지의 사랑이 보입니다. 한때는 모든 두려움과 고통의 원인이 어린 시절에 못 받은 사랑 때문이라고 원망하기도 했었습니다. 그러나 돌아보면, 그 결핍의 자리가 하느님의 자리가 되어 가고 있음을 깨닫게 됩니다. 오히려 부서지고 깨진 상처와 상처의 사이로 하느님의 빛이 스며들어 제 삶의 고유한 무늬가 되어 있습니다.

지금도 여전히 마음이 흔들리고 내 편이 없는 듯 허허로울 때가 있습니다. 그러나 그럴 때마다 기도 안에서 위로를 얻고, 아픔을 치유하며, 고통받는 이웃과 연대하는 지혜를 배웁니다. 고통 속에서도 조금씩 성장하며 십자가의 의미를 알아가는 이 여정은 어쩌면 제 삶을 빚어가는 하느님의 연금술인지도 모릅니다.

그리운 아버지, 아주 잠깐이라도 뵙고 싶습니다. 지금처럼 아무런 원망 없는 이 가슴으로 아버지 품에 안기고 싶습니다. 잔병치레 많았던 수녀 딸, 그래서 더 마음고생 많으셨던 우리 아버지! 살아계실 때 따뜻하게 효도하지 못한 것이 이렇게나 서럽습니다.

억새 마을 풀숲에서 바람을 타고 아버지의 자상한 음성이 들려옵니다.

'울지마라. 울지마라. 몸 상할라 울지마라. 좋은 것만 기억하고 있어. 수녀 딸이 자랑스러웠지! 모든 날이 좋았단다.'

기도로 채워가셨던 당신의 노년, 묵주 만드시던 아버지의 모습이 눈에 선합니다. 여름이면 새끼손가락 끝에 봉숭아 꽃물 들여 주시던 아버지께서는 꽃을 좋아하셨죠. 아버지의 다정한 미소는 제 마음 밭에 지지 않는 꽃으로 피어납니다.

아버지가 저의 아버지여서 자랑스럽고 고맙습니다! 든든한 나의 아버지, 당신의 사랑과 힘이 저에게로 흐릅니다. 아버지와 새벽 미사 다니던 날들을 따뜻하게 간직하고 있어요. 좁은 골목길을 지날 때면 앞서가시며 제 손을 잡아 이끌어 주시던 그 길이 지금도 제 마음에 있습니다. 그날처럼 좁은 길, 하늘나라 가는 좁은 문 들어갈 수 있게 아버지가 제 손을 꼭 잡아 주세요.

성령강림 대축일. '숨을 불어 넣으며, 성령을 받아라'(요한 20,22) 하신 예수님, 그 숨과 생명을 저는 부모님으로부터 받았고, 참으로 많은 사랑을 받고 있나니, 그 사랑의 물줄기가 더욱 힘차게 저를 통해 세상으로 흐르도록 저를 하느님께 봉헌합니다. 그리고 몸과 마음, 영혼에 상처를 입고 아파하는 이들을 위해 기도합니다. 당신의 뜻 안에서 저를 상처받은 치유자로 살게 하소서. 아멘!

아직 헤어지는 중

 말복이 지났다고는 하지만 한낮의 햇볕은 여전히 뜨거웠다. 피부에 척 달라붙는 듯한 습한 공기에 무덥기만 했다. 8월 성모승천 대축일†을 준비하는 마음으로 명동성당 상설 고해소를 찾았다. 미리 적어 간 죄를 고해하고 나오며, 이 더위에도 고해소를 지켜주시는 신부님께 저절로 감사의 마음이 올라왔다. 고해소를 나오며 문득 10대 초반 어느 주일의 기억이 떠올랐다.

 사순시기‡ 특히나 '십자가의 길'을 할 때면 눈물이 많이 났다.

† 성모 마리아께서 지상 생활을 마치신 다음 하늘나라에 들어 올림을 받으신 일을 기념하는 날.
‡ 예수부활 대축일 전 40일간 예수의 수난과 죽음을 묵상하며 참회와 희생, 기도로써 부활 대축일을 준비하는 시기.

어린 마음에도 예수님의 처참한 고통이 너무도 마음 아팠기 때문이다. 예수님을 위해 뭐라도 하고 싶었다. 그래서 주일 미사를 한 번만 참석하기보다는 주일의 모든 미사 4대를 다 참석해야겠다고 생각했다. 그리고 매 미사 전 고해성사를 하기로 마음먹었다.

고해성사하고, 오전 9시 미사를 봉헌했다. 그러고는 성당에서 기도하다가 11시 교중미사 전에 또 고해성사했다. 예수님의 고통을 덜어드리기 위해서는 미사를 될 수 있는 한 많이, 그것도 깨끗한 마음으로 봉헌해야 할 것 같았다.

그러나 그날의 내 계획은 11시 미사 전 고해성사 때 고해신부님에 의해 무산됐다. 신부님께서 그렇게 하지 말라고 하셨다. 그 말씀이 서운했지만, 포기하고 집으로 돌아왔던 기억이 있다.

그렇게 돌아온 집에는 아프신 아버지의 낮고 무거운 앓는 소리가 있었다. 병석에 누워 신음하시는 아버지 앞에서 자꾸만 움츠러들던 나는 차라리 아버지 대신 아프게 해달라고 기도했다. 때로는 골목길 네모난 보도블록을 한 발로 뛰면서 '이 골목 끝까지 한 발로 가게 되면 아버지가 나을지도 몰라'라는 생각도 했었다.

그리고 얼마 후 나에게 병이 찾아왔다. 기도가 이루어진 것일까? 하지만 아버지께서는 당신의 몸 아픔을 잊고 나보다 더 마음 아파하셨다. 나는 유아세례[†]를 받았다. 초등학교 5학년 때 첫영성체[‡]를 했고, 중1 때 견진성사[‡‡]를 받았다.

그런데 견진성사를 받은 그해 초겨울부터 허리가 아프기 시작했고, 약국과 한의원, 척추교정원을 전전했다. 그러다 지금은 성가복지병원이 된 성가병원에 입원해서 병명을 어렵사리 알아내고 하루 만에 퇴원했다.

척추결핵, 결핵이 척추에 생긴 것이었다. 병원에서는 수술해야 한다고 했지만, 수술비도 없었을뿐더러 당시 성령 세미나 다니시던 견진 대모님과 큰어머니께서 하느님이 주신 병이니 기도하면 낫는다고 하여 처방전만 들고 퇴원했다.

하느님이 주신 병, 부모님께서 냉담‡‡ 중이라 하느님께서 벌을 내리신 것이라고 했다. 그래서 성령 세미나‡‡†를 엄마와 함께 다녔다. 내 상처에 새겨진 십자가를 두고 성령 세미나 때 간증도 했다. 새벽 미사를 다녔고, 주말에는 밤샘 기도에 참여했다.

성령 세미나도 그렇지만 밤샘 기도에도 내 또래 아이들은 보이지 않았다. 우리 집에 찾아온 기도 봉사자분들은 나를 눕혀 놓고 병마를 물리치는 구마기도도 하셨다. '병-척추결핵'이라는 마귀를 쫓기 위해서 기도하셨다.

† 그리스도교에서 유아에게 베푸는 세례.
‡ 유아세례를 받은 어린이가 처음으로 성체를 받아 모시는 예식.
†† 세례성사를 받은 이들이 성령의 특별한 은총을 통하여 더욱 굳건하게 신앙생활을 할 수 있도록 은총을 베푸는 성사.
‡‡ 성당에서 냉담이란 세례는 받았으나 성당에 나가지 않는 등 종교 활동을 하지 않는 상태.
‡‡† 영적 쇄신을 갈망하는 사람들을 위하여 마련된 교육 과정.

하지만 척추결핵은 기도만으로 낫지 않았고, 중고 시절 내내 약을 먹어야 했다. 그리고 눈이 오나 비가 오나 종로성당에서 열리는 성령 세미나를 다녔다. 엄마가 못 가시는 날에는 혼자 다녔다. 매주 충실하게 고등학교 졸업할 때까지 5년을 다녔다. 누가 시킨 것도 아닌데 공부할 때면 시작 기도로 성경과 〈준주성범$^{Imitatio\ Christi}$(그리스도를 본받아)〉†을 읽은 다음 공부했다. 한겨울이면 눈 쌓인 야외 '십자가의 길'을 무릎으로 걸으며 기도하기도 했다. 그냥 그렇게 하고 싶었다.

규칙과 규율에 대한 충실함은 이 시기부터 생겼을 것이다. 모범 답안을 찾아서 올바른 삶을 살아야 한다고 여겼다. 자신에게 비판적이고 자기검열을 많이 할수록 나는 삶이 발전적으로 흐르리라고 생각했다. 하지만 자신을 몰아세워 내가 생각하는 이상적인 모습, 내 틀에 맞추려고 애쓰는 것은 결과적으로 나를 잃어버리는 길이 되기도 했다.

십자가에 매달린 예수님의 고통을 덜어주고 싶었던 나는 아버지 대신 아프고도 싶었다. 그리고 사춘기 시절 몸에 병을 얻었고 아팠다. 단발머리 중학생 시절이 11월의 날씨처럼 우울했다. '척

---

† 성서 다음으로 많이 읽힌다는 그리스도교적 신심의 명저. 저자는 토마스 아 켐피스.

추결핵이 잘못되면 꼽추 된다' 하시며 우시던 아버지의 사랑이 있었지만, 죄책감에 짓눌렸다. 가난한 살림에 아프기까지 한 나 때문에 부모님이 더 고생하시는 것 같았다. 아프기 전으로 돌아가고 싶었다.

이 괴로움은 왜 끝이 없습니까?
마음의 상처는 나을 것 같지 않습니다.
주께서는 물이 마르다가도 흐르고
흐르다가도 마르는 도무지 믿을 수 없는 도랑같이 되셨습니다.

(예레미야 15,18)

수도 생활 30년째, 가끔 하느님으로부터 힘을 받고 있는지 숙고할 때가 있다. 창조주이시며 전지전능하신 하느님이 약한 하느님으로 다가올 때가 있기 때문이다. 하느님께 뭔가를 계속 드려야 할 것 같은 불편함이 올라오곤 한다. 함께 하시는 하느님이 무의미하게 느껴지곤 한다. 왜 그럴까?

영국의 정신분석가이자 정신과 의사인 존 볼비는 장기적 인간관계의 근본 원인을 설명하는 '애착이론Attachment Theory'에서 초기 애착 관계는 아이의 성격 형성과 대인관계, 나아가 신에 대한 인식에도 큰 영향을 미친다고 한다. 안정적인 애착 관계를 형성한 아이는 자신을 사랑하고 보호해 주는 존재로서 신을 인식하기 쉽지만, 불안정한 애착 관계를 경험한 아이는 신을 불안정하거나 혹은 벌을 주는 존재로 인식할 가능성이 크다고 한다.

결국 하느님의 모습 속에 아버지의 앓는 소리가 들어있었음을 알게 되었다. 무의식중에 아픈 아버지를 통해 약한 하느님을 보아 온 것이었다. 또 척추결핵을 앓으면서 나에게 하느님은 엄하고 벌주시는 분이었다. 그러니 하느님으로부터 내적인 힘을 받지 못하고, 하느님의 사랑을 잘 수용하지 못했다.

'나에게 하느님은 어떤 분인가?' 이 질문을 안고 여러 날 동안 기도했다. 그러던 중 성시간†이 있던 밤, 깊은 침묵 속에 예수님의 부드러운 음성이 들려왔다.

"이젠 그러지 않아도 된단다."

눈물이 왈칵 쏟아졌다. 영원한 현재인 하느님께서 중고등학생 시절의 나에게 말씀하시는 듯했다. 지금도 의무감에 허덕이며 습관처럼 사는 나에게 조용히 말씀하시는 것이었다.

'이젠 그러지 않아도 돼. 이젠 그러지 않아도 돼.'

마음이 먹먹하고 눈물이 고인다. 보이지 않는 뭔가로부터 풀려나는 느낌이었다.

---

† 예수님의 인류를 위한 사랑과 수난 전날 밤의 고통을 기리며 특정 시간에 거행하는 예식.

그렇다. 하느님은 살아계신 사랑의 하느님이시다. 내 경험 속에 하느님은 약한 모습만 있는 것이 아니다. 아버지의 모습 속에 약한 모습과 다정하셨던 모습, 자식을 위해 헌신하는 모습이 있듯이 하느님도 그러하다. 인간적인 관계와 마찬가지로 하느님과의 관계도 변하고 성장한다. 하느님의 은총과 기도, 그리고 만나는 사건과 사람들 속에서 부대끼며 신앙은 깊어만 간다. 나의 하느님, 나의 주님을 만나는 것이다.

어린 시절의 경험은 나에게 상처를 남겼지만, 그 상처를 치유하고 성장하는 과정에서 나는 놀라운 역설을 발견했다. 아버지의 약함 속에 담긴 강함을 보았고, 약한 하느님의 침묵 속에 숨겨진 따뜻한 마음을 느끼게 된 것이다.

생각해 보면, 치유는 받아들임이다. 과거의 사실을 있는 그대로 인정하고, 그 상처의 자리에서 더디지만 천천히 일어서는 것이다. 끝없는 타인과의 비교를 멈추는 것이다. 억울해도 아파서 뒤처진 그 지점에서부터 살아내는 것이다. 상처로 생긴 못난 부분 때문에 불편하고 힘들어도 생명을 선택하는 것이 진정한 용서이고 치유이다.

약한 하느님은 사랑 때문에 낮아지고 낮아져 사람이 되셨고, 수난과 죽음의 자리까지 내려가신 그 약함의 깊이가 결국 사랑의 크기였다. 같은 선에서 아버지는 밤마다 아프셨지만, 다음 날 아침이면 어김없이 다시 일어나 일터로 나가시는 강한 분이셨다. 육체의 아픔을 잊고 아이들을 먹이기 위해! 아버지, 감사합니다! 아버지의 그 강함이 저에게 있습니다.

오리아 마운틴 드리머의 시 〈초대〉를 떠올려본다.

(…)
난 알고 싶어요. 당신이 고통과 나란히 앉아 있을 수 있는지.
그게 나의 것이건 당신의 것이건,
그 고통을 숨기거나 흐려버리거나 바로잡으려 하지 않으면서.

(…)
당신이 나에게 하는 이야기가 사실인지 아닌지는 관심 없어요.
내가 알고 싶은 건
당신이 자신에게 진실하기 위해 다른 사람을 실망시킬 수 있는지.
배반했다는 비난을 감내하면서도 자신의 영혼은 배반하지 않을 수 있는지.
자신의 신념을 버리더라도, 그렇게 함으로써 자신에게 충실할 수 있는지.

(…)

당신이 어디 사는지 돈이 얼마나 많은지는 관심 없어요.

내가 알고 싶은 건 이런 거예요.

비탄과 절망의 밤을 보낸 후에 뼛속까지 지치고 상처 입고도,

아이들을 먹이기 위해 일어나 해야 할 일을 하는지.

(…)

나는 당신이 누구를 알고 있는지,

이곳에 어떻게 오게 됐는지는 관심 없어요.

내가 알고 싶은 건

불구덩이 속에서도 당신이 나와 함께 있을 것이며 뒤로 도망치지 않을 건지.

(…)

수녀님이 미워요[†]

"수녀님, 미워요!"

영안실에 들어선 순간 나를 본 수연이 어머니의 첫마디였다. 당시 나는 서울대병원 천주교 원목실에서 환자를 방문하며 기도하는 원목수녀로 있을 때였다.

성주간[‡] 목요일 밤에 6살 수연이는 하늘나라로 갔다. 급성 세균감염으로 중환자실, 그것도 격리실에 입원한 지 한 달 만이었다. 차마 놓을 수 없는 엄마의 손을 놓고 빛을 향해 걸어간 것이다. 어른들도 무서운 죽음이 어린 수연이에게는 얼마나 낯설고 두려웠을까.

[†] 2003년 서울대병원 원목실 수녀로 있을 당시 있었던 일.
[‡] 예수님이 부활전 죽음을 길이 묵상하는 일주일을 '성주간'이라 한다.

의식을 잃은 지 한 달 만에 아무런 준비도 없이 맞이한 죽음. 그 한 달간은 온갖 기계에 둘러싸인 안타까운 날들이었다. 중환자실 면회 시간에 만나는 수연이와 그 가족, 엄마와 아빠와 이모의 모습은 참으로 절박해 보였다. 하지만 담당 의사는 이미 돌이킬 수 없다고, 아무것도 해줄 것이 없다고 말했다. 그런 상황들을 기도로 동행하며 내 마음도 아팠다.

우는 시간조차 아까워하며 기도에 매달리시던 어머님의 모습에 가슴이 저릿저릿했다. 나는 어떻게든 수연이와 수연이 어머니를 돕고 싶었다. 특히나 여섯 살 어린 수연이가 죽음을 두려움 없이 맞이하도록 무언가 해야만 할 것 같았다. 그래서 어머님께 편지를 썼다. '수연이가 빛을 향해 나아가도록 도와주어야 하지 않을까요'라고 조심스럽게 적었다.

하지만 지금 돌이켜보면 너무나 섣부른, 어쩌면 잔인한 행동이었음을 깨닫고 어머님께 깊이 사죄드린다. 어머님은 수연이가 있는 곳에서 함께 숨 쉬고 싶다고, 수연이는 반드시 기적처럼 깨어날 거라고 굳게 믿고 계셨다. 그러기에 그런 말을 하지 말라고 내 입을 막으셨다.

어머님의 절절한 모습을 보면서 내가 이성적인 판단에 갇혀 있었다는 것을 깨달았다. 의사의 절망적인 진단과 감당하기 어려운 병원비 앞에서 현실적인 계산만 하는 내 모습은 마치 그들의 슬픔과는 동떨어진 이방인처럼 느껴졌다. 신앙의 이름으로 희망을 이야기하기보다 현실적인 어려움만을 보고 있던 나 자신이 부끄럽고 후회스러웠다. 어머니의 사랑, 모정은 이토록 강한 것이라는 걸 헤아리지 못했다.

수연이 어머님, 미안합니다.
사랑은 퍼주고 또 퍼주고 싶은 마음, 계산하지 않는 마음인 것을 가슴으로 알아듣지 못했습니다. 갚아야 할 빚을 생각하는 것이 아니라, 못다 준 사랑을 후회하고 있는 것이 모정인 것을 깊이 깨닫지 못했습니다.
그러면서 저는 죄를 짓고 있었어요. 나 아플 때 어렵고 가난했던 그 시절 내 어머니가 생각났습니다. 병원 문턱이 높아 아픈 나를 끌고 한숨지으며 다니시던 내 어머니도 자매님 같은 마음이었을까? 신음하는 딸을 데리고 찾아간 대학병원에서 진찰도 못 받고 나오실 때 내 어머니에게 가난은 어떤 빚이었을까? 내 어머니도 빚지는 거 무서워하지 않고 나를 위해 노력하셨던가? 내가 받은 사랑은 부족한 사랑이 아닐까 하며 사랑을 의심하는 죄를 지었습니다.
부모 마음은 다 같다고, 단지 표현 방법이 달랐을 뿐이라는 충고를 듣기는 했어요. 마음은 뜨끔했지만, 믿고 싶지는 않았습니다. 내 부모는 사랑을 덜 주신 것 같아서요. 내가 받은 사랑은 초라하고, 반쪽짜리 같아 지독한 갈증을 느끼며 살아왔으니까요.

그랬습니다. 그렇게 사랑을 저울질하는 죄를 짓고 있었기에 수연이네 가족을 바라보는 마음이 더욱 무겁고 힘들 수밖에 없었습니다.

수연이 어머님, 다음날 뵈었을 때 한결 안정된 모습이어서 정말 감사했습니다. 하지만 수연이를 떠나보낸 후 처음 맞는 어린이날과 생일 등 앞으로 수연이 없이 보내셔야 할 시간이 얼마나 힘드실지 감히 상상조차 하기 어렵습니다.

수연이 어머님, 저도 그 사이에 저의 어머니를 뵙고 왔어요. 사랑을 저울질하던 죄책감에 마음이 편치 않더라고요. 저의 어머니는 제가 수련자일 때부터 아프세요. 그러니까 벌써 5년째네요. 어머니의 삶에는 많은 사연이 깃들어 있고, 가난한 살림 속에서도 자녀들을 키우시느라 고생이 많으셨습니다. 그런 어머니가 저를 환하게 웃으며 반겨주시는데, 후드득 눈물이 나더라고요. 감출 새도 없이 흐르는 눈물에 저도 당황했고, 어머니는 놀라서 물으셨습니다.

"어디 아퍼? 아이고 내 새끼, 수도 생활이 고생스러우냐?"

뭐라 대답도 못 하고 어머니 앞에서 울기만 했습니다. 저의 부모님은 저를 위해 모든 것을 주셨습니다. '부족하다', '못 받았다'고 원망하는 어린 마음은 투정일 뿐이죠. 부모님의 마음을 다 아는데, 못 받아들이고 끙끙거리고 있는 것이지요. 어머니는 걱정을 계속하셨지만, 한참 울고 나니 마음은 후련했습니다. 눈물로 씻겨 영혼이 맑아진 느낌이었어요.

수연이 어머님, 감사합니다. 어머님 덕분에 제 어머니의 사랑을 조금은 받아들이게 되었어요. 그리고 수연이 어머님을 생각하면 십자가 아래에서 아드님을 안고 계신 성모님의 모습이 떠오릅니다. 그 누구보다 자식을 먼저 보낸 어미의 고통을 잘 아시는 성모님께서 수연이 어머님의 아픈 마음을 어루만져 주시기를, 따뜻한 위로를 전해주시길 기도드립니다.

수연아, 마리아야. 부활하신 예수님께서 성모님께 가장 먼저 나타나셨듯이 엄마 아빠 꿈속에 환한 웃음으로 찾아가 두 분의 아픈 마음을 따뜻하게 안아주렴.

수연아, 사실 수녀님은 네가 하늘나라로 간 후 한동안 중환자실에 들어서기가 참 어려웠단다. 너를 생각하면 자꾸 눈물이 차오르고 발걸음이 무거워지곤 했어. 수연아, 수녀님이 성모님의 사랑과 은총으로 환자들을 보살필 수 있도록 기도해 주렴. 그리고 병원에서 힘든 시간을 보내고 있는 다른 아이들도 하루빨리 건강을 회복할 수 있도록 함께 기도해 줘. 그 아이들과 어머니들이 더 이상 아픔을 겪지 않도록 말이야.

하늘나라 나의 천사 수연아, 아름다운 이 세상 여정을 마치고 영원한 하늘나라에서 다시 만나자.

모든 아이들은 천국에 간다

동주야, 한동주! 너의 장례를 치르고† 황망한 마음에 넋을 놓고 걸었어. 얼마나 걸었을까? 문득 고개를 돌리니 길가 공원에는 무심하게도 단풍이 곱더구나. 호수에는 하늘이 고스란히 내려앉아 낙엽들과 속삭이며 지나가는 사람들을 조용히 바라보고 있었지.

잔디밭을 뛰어노는 아이들과 번지점프를 즐기는 사람들, 네가 함께였다면 얼마나 즐거워했을까. 그 맑은 눈을 반짝이며 신나 했겠지. 이제는 영원히 볼 수 없는 너의 웃음이 더욱 사무치게 그리워지는구나.

† 2015년 성남에 소재한 유치원에 근무할 때의 일.

3년 전, 뽀얗고 작은 얼굴로 배시시 웃으며 유치원에 첫발을 내딛던 너. 올해는 유치원에서 제일 큰형님반 되었다며 어깨를 으쓱했었지. 모래놀이 시간에 조그만 손으로 만들어 주던 맛있는 음식들, 재잘거리던 이야기들…

"수녀님이 제일 좋아. 엄마 아빠 다음으로 제일 좋아요."

앞니 빠진 채 웃는 너의 해맑은 모습에 우리 함께 웃음꽃을 피웠었는데, 이제 그 모든 행복이 가슴 저미는 그리움으로, 하염없는 눈물로 흐르는구나.

동주야, 이제는 아픔 없는 하늘나라에서 행복하게 뛰어놀고 있겠지. 하지만 남겨진 어른들은 '왜 우리 동주에게 이런 일이…', '어찌하여 이런 고통을…' 하며 이유를 끊임없이 되물으며 깊은 슬픔에 잠겨 있단다. 어린 너와의 예기치 못한 이별은 그 어떤 마음의 준비도 허락하지 않았기에, 이 현실을 받아들이기 힘들어 고통스러워하는 거야.

사랑하는 동주야! 짧았기 때문에 더욱 선명하게 기억될, 심장 깊이 영원히 새겨질 동주야! 신은 왜 이렇게 어린 너를 서둘러 데려가셨을까? 그 뜻을 헤아릴 수 없는 우리는 하늘을 우러러 기도하며 오랜 시간 낙엽처럼 방황하고 슬퍼하겠지… 그리고 언젠가 다시 찾아올 봄을 기다릴 거야. 우리의 삶은 그렇게 고통을 딛고 다시 이어지니까.

동주야, 하영이†는 만났어? 하영이가 반겨주었지? 야속하게도 3년 사이에 두 아이나 데려가시다니…

죽음이 이토록 가까이에 있었구나. 죽음이 어찌 남은 이들에게 불행과 형벌이기만 하겠니. 나 역시 유순히 마주해야 할 삶의 한 부분인 것을. 이 슬픔을 넘어 죽음을 통해 깨닫게 된 생명의 유한함과, 곁에 있는 이들의 소중함을 마음 깊이 새기고 더욱 사랑하며 살아야겠지!

그래, 동주야. 네가 우리에게 선물했던 모든 기쁨과 웃음, 너를 통해 느꼈던 감동을 기억하며 살아갈게. 유치원 아이들을 더욱 따뜻하게 안아주고, 후회 없는 시간을 만들어가도록 최선을 다할 거야. 그리고 언젠가 하늘나라에서 다시 만날 날을 소망하며 기도할게.

동주야, 한동주, 고맙다! 너를 만나서 행복했기에, 너에게서 받은 기쁨을 유치원 친구들과 나누며 착하게 살아가다가 이 다음에 하늘나라에서 만나자! 하늘나라 유치원에서.

† 하영이는 동주와 같은 반으로 5살 때 교통사고로 하늘나라 갔다.

가을엔 떠나지 말아요

아버지를 엄마 곁에 모시고 산에서 내려올 때 참고 있던 내 눈물인 듯 비가 내리기 시작하더니, 그 비바람 끝에 나뭇잎들이 지고 있었다. 문득 최백호의 〈내 마음 갈 곳을 잃어〉라는 노래가 바람결에 떠올랐다.

가을엔 떠나지 말아요. 낙엽 지면 서러움이 더해요.
차라리 하얀 겨울에 떠나요.

노래 가사와는 달리 사랑하는 사람들은 그렇게 가을, 겨울, 봄, 여름 없이 우리 곁을 떠나고, 그 시간은 가을처럼 쓸쓸하다.

아버지께서 암 진단받으신 후 채 1년도 안 되어 하느님 나라로 가신 것은 가을, 10월이었다. 해는 다르지만, 전날 유치원에서 잘 놀고 하원한 아이가 갑자기 하늘나라로 갔다는 연락을 받은 것도 10월의 어느 날 아침의 일이었다. 그리고 아직도 믿기지 않지만 김 선생님을 빼앗기듯 보내야만 했던 것도 10월이다.

암 투병으로 병원에 계신 아버지를 형제들과 돌아가며 간호했었다. 호스피스 병동에 계실 때는 죽음이 멀리 있지 않음을 느끼며 아버지께 못다 한 사랑과 감사의 말을 하기도 했었다. 하지만 아버지의 임종을 지키지 못했음은 아직도 눈물로 기억된다.

'아버지, 사랑한다면서 왜 인사도 없이 가… 기다려야지, 큰딸하고 인사하고 가기로 약속했는데, 인사는 하고 가야지…'

아버지처럼 10월에 떠난 김 선생님을 마지막으로 본 것은 그날 오후 운동장에서였다. 그때 선생님의 얼굴이 회색빛으로 피곤해 보여서 걱정이 되었다. 하지만 어디 아프냐고 따뜻하게 물어보지 못했다. 김 선생님, 미안해요!

살아 있는 사람들은 생각하죠. '죽을 때 후회할 일 하지 말자'라고. 살아 있을 때 '사랑한다, 고맙다' 표현하며 살자고 다짐하죠. 그런데 선생님, 그게 참 쉽지 않네요. 표현하는 것이 쑥스럽기도 하고 해서 그냥 '알겠지' 하며 여전히 미루게 돼요.

    선생님, 천국에서는 편안한가요? 우리는 선생님을 갑작스럽게 떠나보낸 후 너무나 힘든 시간을 보냈어요. 준비 없이 맞이한 이별이 세상에서 제일 아픈 이별 같았고, 작별 인사조차 나누지 못한 것은 가혹하더라고요.

    슬픔은 장례 예절 마쳤다고 끝나는 감정이 아니기에, 빈틈에 물 고이듯 문득문득 선생님 생각이 나면 마음이 멍해지곤 합니다. 괜스레 짜증이 나기도 하고, 모든 것을 포기하고 싶은 마음이 밀려오기도 했어요. 그러니 가족분들의 슬픔은 감히 상상조차 할 수 없을 만큼 크겠지요. 그래서 더욱 간절히 기도하게 됩니다.

    선생님, '애화의 정원'을 기억하지요? 봄이면 노란 산수유와 분홍 벚꽃이 앞다투어 피어나고, 5월이면 향긋한 장미 향기가 교정 가득 퍼져나갑니다. 활짝 핀 장미 넝쿨 앞에서 학생들과 사진 찍으며 장난치던 운동장엔 웃음꽃이 피고요. 연보랏빛 도라지꽃과 주황빛 원추리꽃이 햇살 아래 반짝이며 정원을 화려하게 수놓던 여름을 지나, 가을이면 코스모스가 바람에 흔들리고 탐스러운 국화가 피어납니다. 감나무 가지 끝에 눈꽃이 피고, 새 학년 준비로 분주해지는 겨울엔 설렘과 새로운 인연의 꽃이 피지요.

    그리고 선생님, 이제 우리 학교 학생들과 교직원들의 마음 밭에는 사계절 내내 '김 선생님'이라는 아름다운 꽃이 필 것입니다. 그

꽃은 교실에서도 필 것이고, 가끔 강당에서도 피면서 우리에게 따뜻한 힘이 되고, 소중한 추억과 변치 않는 사랑으로 남아 있을 것입니다.

선생님, 사랑합니다. 짧은 만남이었기에 더욱 애틋하고 소중하게 간직하고 있는 김 선생님과의 인연! '여기'와 '거기'는 어쩌면 인간이 만들어낸 언어의 경계일지도 모르겠습니다. 하지만… 가을엔 떠나지 말아요!

안승준, 홍나리의 그림책 〈어느날, 우리는〉에서 읽은 글이 새록새록 떠올랐다.

바람이 되든 나무가 되든 그물이 되든 사자가 되든
언젠가 보겠지, 알아볼 수 있겠지. 모습이 달라도 알아볼 수 있겠지.

초원에서든 물속에서든 아니면 바람결에 지나더라도
꽃잎이 되든 벌레가 되든 행여 혹은 다시 사람으로든

눈물이 나든 웃음이 나든 냄새가 나든 그래서 생각이 나든

아직 하고 싶은 말이 남았는데

예측하지 못했던 죽음은 아프다. 받아들이기가 어렵다. 마치 거짓말 같다.

2016년 3월에 오빠를 갑작스럽게 떠나보내고, 황망한 마음에 정신없이 장례를 치렀다. 오빠는 떠나기 전까지 아무 말도 하지 않았다. 그저 혼자 감당했을 뿐이었다. 그래서일까, 오빠의 빈자리에 죄책감이 자리한다. 오빠와의 이별이 깊은 상처로 남는다. 슬픔, 의문, 미안함이 뒤섞여 속을 헤집고 다녔다.

살아 있다는 것과 죽었다는 것의 차이는 무엇일까? 보이지 않으면 죽은 것인가? 죽은 사람들은 어디로 가는 것일까?

"수녀님이 오빠의 죽음을 막을 수도 있었다고 생각하는 그 오만을 버리세요."

아직 한창때인 50대 초반의 오빠. 그의 죽음 앞에서 미안해하며 꺼이꺼이 우는 나에게 지인이 던진 말이었다. 좀 더 연락을 자주 했더라면 오빠의 죽음을 막을 수도 있지 않았을까?

홀쭉하게 빈 가방을 메고 어디로 갈까 버스 정류장에서 서성이던 모습이 내가 본 오빠의 마지막이었다.

아버지 돌아가신 지 3년째 되던 그해 설 명절을 맞아 식구들이 모여 혜화동에서 점심을 먹었다.

"가족들 얼굴 보니 좋네. 새해에는 자주 만나기로 해요."

"건강이 최고예요. 새해에도 건강히 지냅시다."

"큰일 없으면 그게 행복한 거예요. 행복한 한 해 되세요."

서로들 덕담을 나누며 소소한 새해 다짐들을 이야기했다. 그런데 식사 자리에서 오빠는 자꾸만 불편해했다. 그러다 갑자기 숨이 막히는 듯 안절부절못하며 식탁에 제대로 앉아 있지 못했다. 우리가 걱정스레 물으니 '공황장애'라고 했다. 공황장애… 그 이름조차 생소했던 나는, 오빠가 얼마나 외롭고 두려웠을지를 상상조차 하지 못했다.

눈앞에 있는 음식도, 가족들과의 자리도 오빠에게는 버거운 고통이었을 텐데 아무도, 나조차도 오빠의 고통을 제대로 보지 못했다. 따뜻한 밥 한 끼가 아니라, 오빠에겐 숨쉬기도 벅찬 시간이었는데…

그런 오빠에게 '그동안 힘들었으니 이제 좋은 날도 오겠지. 그러니 마음 편히 갖고 건강 잘 챙기라'는 말밖에 딱히 해줄 것이 없었다. 어쩌면 우리는 그런 말들로 자신을 스스로 위로하고 있었는지도 모른다. '오빠는 괜찮아질 것이다, 좋아질 것이다'라는 생각을 반복적으로 되뇌며 문득 불현듯 스치는 불안함을 애써 외면했던 것도 같다. 각자가 진 삶의 짐만으로도 버거웠으므로 안심하고 싶었는지도 모른다. 어떻게든 살아내야 한다는 우격다짐을 오빠에게, 그리고 우리 스스로에게 강요하고 있었을 것이다. 그렇게 무거운 마음으로 다음을 기약했다. "5월 엄마 기일 때 만나자" 하며 다들 자리를 파하고 일어섰다.

오빠와 내가 가는 방향이 같아서 버스 정류장까지 함께 걸었다. 오누이 사이에 살가운 대화는커녕 서로 안타까워하는 이심전심의 마음만 있었다.

마침 내가 탈 버스가 먼저 왔다. 오빠와 급하게 인사를 하고, 나는 버스에 올랐다. 차창 밖으로 본 오빠의 모습, 그것이 마지막이 될 줄이야…

아직 추운 2월의 날씨 속에 오빠만 버스 정류장에 혼자 서 있었다. 가야 할 집이 있는데도 오빠는 갈 곳이 없는 사람처럼 보였다. 먼 곳을 바라보는 시선이 비어 있는 듯했다. 그 모습이 마음에 걸려 '오빠와 차라도 한 잔 할걸' 하는 후회의 마음이 들었다.

사실 그때, 즉시 버스에서 내려야 했다. 창피해도 버스를 세워서 내려야 했다. 오빠와 따뜻한 이야기를 나누고, 오빠가 메고 있던 홀쭉한 가방에 뭐라도 채워 보내야 했다. 정류장에 홀로 선 오빠가 보내오는 구조신호를 알아차렸어야만 했었다. 수도자인 나라도 오빠의 지푸라기가 되어주어야 했었는데… 그랬더라면 오빠의 죽음을 막을 수도 있지 않았을까?

그런데 오만이란다. 그래 오만 맞다. 내가 어떻게 죽음을 막겠는가? 거긴 신의 영역이다. 알 수도 없고, 이해할 수도 없으며, 알려고 해서도 안 된다.

오빠가 살아 있을 때의 일이다. 오빠가 '잘 살았으면 좋겠다'라며 한숨지을 때 지인께서는 "수녀님이 오빠보다 잘살고 있노라 착각하지 마세요"라고 말씀하셨다. 속마음을 들킨 듯 화끈함이 올라왔다.

사실 내가 생각하는 '잘 사는 삶'은 단순했다. 오빠가 빚을 지지 않고, 경제적으로 안정된 삶을 살며, 건강을 챙기는 것이었다. 두통과 불면에 시달릴 때는 라면과 커피믹스를 끊고 운동하는 것이 내가 바라는 오빠의 모습이었다. 아마 오빠도 잘살고 싶었을 것이다. 누구보다 잘살아내고 싶었을 것이다.

그런데 과연 '잘 산다'는 건 뭘까? 지인의 말처럼 내가 오빠보다 잘살고 있다고 확신할 수는 없다. 내가 오빠의 삶을 함부로 재단해서도 안 된다. 보이는 것이 전부는 아니기 때문이다. 오빠가 얼마나 애쓰며 살았는지, 또 어떤 마음으로 하루하루를 버텨내고 있었는지 내가 다 알지는 못한다. 그저 도와주고 싶은 마음만 앞서서 오빠를 충분히 존중하지 못하고, 끝까지 믿어주지 못한 것이 후회스럽고 마음 아프다. 오빠, 미안해!

오빠의 유골함을 받아 안았을 때, 유골함은 따뜻하다 못해 뜨거운 느낌이었다. 오빠가 살아 있는 듯했다. 그 작고 가벼운 유골함을 두 팔로 휘감아 끌어안았다. 살아생전에 오빠를 이렇게 뜨겁게 안아준 적이 있었던가. 말수가 적은 오빠의 성격 때문인지, 말보다는 글이 편한 나의 성향 탓인지 왠지 어색하고 길게 대화도 못 이어가던 그런 오누이였었다.

한 줌의 재가 된 오빠를 땅에 묻는 손은 떨렸다. 숙연한 마음과 허망함에 눈물도 나지 않았다. 바람도 고개 숙여 멈추어 선 듯했다. 이것이 한 달 전, 설 명절에 만나 식사를 함께했던 그 오빠던가! 처자식도 없이 세상에 풀뿌리만큼도 뿌리를 내리지 못해 서성였던 사람, 외로웠을 오빠는 설 자리가 없어 결국 끝자리까지 갔구나…

나는 오빠에게 '그래도 살아야 했어'라고 말하지 못한다. 도와

주지도 못했으면서 원리 원칙만을 고집할 수만은 없다. 다만 오빠는 죽어서도 나의 오빠이며, 오빠의 선택을 존중한다고 말할 수 있을 뿐이다. 오빠, 빛을 향해 가소서! 훌훌히 훌훌히 빛을 향해 가소서!

하느님, 오빠는 섬세하고 따뜻한 사람이었어요. 다른 사람들의 말을 쉽게 믿어서 사기를 당하는 일이 종종 있었지요. 부탁을 거절 못 하던 오빠였습니다. 가진 것은 없지만 동생들에게 잘해주고 싶어 했어요. 공들여 뭔가를 내놓아도 화려하거나 세련되지 않아서 애처로웠던 오빠입니다.

그런 오빠가 살아가기에 세상은 너무 암담했나 봅니다. 돈이 두둑한 부자가 아니어서, 왜소한 체구에 언변이 없어서, 직장이 번듯하지 못해서 사람들에게는 환영받지 못했지만, 하느님께서 그런 오빠를 따뜻이 맞아주시고 생전에 못 받은 위로와 사랑으로 감싸 주셨으면 좋겠습니다.

하느님,
우리 오빠를 당신 나라에 받아들여 주소서.
우리 오빠 착해요!
착하고 착해서 그렇게 갔으니
당신의 자비로 안아주소서!
영원한 안식을 주소서!

애도의 강물이여 흘러라

'스스로 목숨을 끊은 사람들의 영원한 구원에 대해 절망해서는 안 된다. 하느님께서는 당신만이 아시는 길을 통해서 그들에게 구원에 필요한 회개의 기회를 주실 수 있다. 교회는 자기 생명을 끊어 버린 사람들을 위해서도 기도한다'(가톨릭교회 교리서 2283항).

2016년 3월에 갑자기 하늘나라로 간 오빠. 나에겐 갑작스러웠지만, 오빠에게는 무수한 고민의 시간이 있었으리라. 하지만 그동안 잊고 지냈다. 괜찮은 줄만 알았다. 오래도록 수도 생활을 해오면서도 '자살'에 관한 교회의 가르침에 대해 잘 알지 못했다.

오빠의 죽음을 생각하면 늘 혼란스러웠다. 그 혼란 때문에 오빠의 죽음을 외면해 왔는지도 모르겠다. 그러다가 오빠의 여덟 번째 기일을 지내며 문득 '내가 오빠의 죽음을 수치스럽게 생각하고 있는 것은 아닐까?' 하는 생각이 들었다. 그렇다면 그것은 오빠에 대한 예의가 아니었다. 빈소도 차리지 못하고 보낸 오빠의 장례였다.

당시에는 허둥지둥 어찌할 줄 몰랐다. 처자식도 없이 혼자 살던 오빠였고, 장례를 어떻게 해야 할지 난감했다. 부모님은 이미 돌아가셨기에 가까운 친척 오빠에게 조언을 구했더니 간소하게 조용히 치르는 것이 좋겠다고 하셨다.

돌아보면, 친척 오빠도 이런 경우는 처음이어서 당황하셨던 것 같다. 딱히 조문하러 올 사람도 없을 것 같아 빈소도 차리지 않았다. 그것이 후회된다. 그래도 그러는 것이 아니었는데…

사촌 신부님께 기도라도 부탁할까 싶어 연락을 드렸더니, 감사하게도 찾아오시어 장례 미사를 봉헌해 주셨다. 그나마 다행이었고, 오빠의 하늘나라 가는 길에 등불 하나 밝혀지는 느낌이었다.

그러곤 잊고 살았다. 잊었다기보다 어떻게 그 감정들을 처리해야 할지 몰라 마음의 벽장 속에 밀쳐 놓았다.

교회는 교리에서 자살에 대해 어떻게 말하고 있을까? 그것에 답을 얻고자 오래전 보았던 서울대교구 한마음한몸운동본부 자살예방센터에 전화했다.

"수녀님, 용기를 내셨네요. 전화 잘하셨어요."

유가족 모임 담당 수녀님께서 친절하고 따뜻하게 전화를 받아

주셨다. 순간 긴장하고 경계했던 둑이 무너지는 느낌이었다. 수녀님은 나에게 그간 유가족센터에서 진행했던 프로그램과 유튜브 방송 자료를 보내 주시며 말씀하셨다.

"수녀님, 시간 되시면 유가족 미사에도 오시고, 6월 초에 있을 성지순례에도 오세요."

그렇게 유가족 모임 수녀님의 권유에 마음이 열려 유가족 미사에 참석했다. 자살 유가족 모임이 있음은 이전부터 알고는 있었지만, 딱히 참석할 마음이 일어나지는 않았었다. 혼자서도 고인을 위해 기도할 수 있고, 미사 드릴 수 있는데 굳이 모임까지 가나 싶었다. 더구나 '수도자'가 참석해도 될까 싶은 마음이 들었다. 신자분들이 어찌 생각할지가 염려되었다. 모든 감정을 기도로 하느님께 봉헌하고 해소해야 하는 수도자이니, 오빠에 대해서도 이미 자유로우리라 생각할 것 같았다.

처음 참석한 유가족 미사. 오빠의 죽음이 8년 전의 일이라 덤덤할 줄 알았는데, 먼지 쌓인 기억의 벽장을 여니 눈물이 쏟아져 내렸다. 오래되어도 밀쳐둔 감정은 어제의 일인 듯 생생하게 되살아났다.

너무 오래 힘주어 기억을 억누르고 있었던 탓일까, 그날부터 몸이 아팠다. 속이 쓰리고 위가 아프기 시작했다. 처음 며칠은 이러다 낫겠거니 했지만 약을 먹어도 낫지 않고, 병원에 가서 검사를 해 봐도 딱히 원인이 없었다. 유가족 미사를 다녀오고 나서부터 아팠기에 뭔가 심리적으로 건드려진 것만 같았다. 성지순례를 앞두고, 그 아픔과 함께 유가족 모임 수녀님이 보내 주신 자료로 9일 기도를 했다.

9일 기도의 마지막 날, 그러니까 성지순례 하루 전날에 기도하는 중에 마음속에서 울부짖는 소리가 들렸다.

'오빠, 어떻게 그렇게 갈 수가 있어. 그러면 안 되지, 오빠…'

당시에는 하지 못했던 말이 눈물과 함께 터져 나왔다. 신앙인이고 수도자이기에 모든 것을 감내해야 했고, 절제해야만 했던 슬픔과 원망이 올라왔다.

'오빠, 어떻게 그렇게 갑자기 가? 오빠가 행복하기를 얼마나 기도했는데… 어떻게 그렇게 모질게 갈 수가 있어!'

2024년 유가족 성지순례 및 피정은 1박 2일 동안 전주교구 성지를 순례하는 여정이었다. 순례 당일에는 잔잔히 비가 내렸다. 차분해진 마음이 빗속에 더욱 젖어 들었다.

첫 번째 순례지인 전북 익산의 여산성지에 도착해서 다 함께 '십자가의 길' 기도를 바쳤다. 그리고 미사를 봉헌하는데, 다시 오빠에 대한 감정이 북받쳐 올라왔다.

'사람이 태어나서 한번은 활짝 피고 행복하게 살아야 하는 거

아냐? 그렇게 가면 어떡해!'

오빠의 섬세한 성품과 외로웠을 한 생이 가슴에 사무쳐 눈물이 서럽게 흘러내렸다.

'주님, 착한 우리 오빠, 당신 나라에서는 활개 펴며 행복한가요?'

성체를 모시고 들어와 기도하는데 오빠의 활짝 웃는 모습이 떠올랐다. 오빠가 행복했다고 말하는 것 같았다. 안심되어 또다시 눈물이 흘렀다.

'그랬구나. 오빠의 마지막 모습이 오빠 삶의 전체인 양 착각하고 있었구나.'

그렇게 오빠의 마지막 자리에서 얼어붙어 있던 감정들이 서서히 녹으면서 막혔던 애도의 강물이 천천히 흘러갔다.

다음 날 새벽 여명이 어둠을 밀어내기 시작할 무렵에 전주의 '치명자산'을 향했다. 새벽의 고요는 마치 하느님 품처럼 따스하고 아늑했다. 산 중턱에 이르러 가쁜 숨을 고르며 산자락을 하얗게 덮은 운무의 장관을 마주했다. 더없이 평화로운 풍경이었다.

그 순간 바람결을 타고 "나는 잘 있다" 하는 오빠의 음성이 들리는 듯했다. 그래서 나도 씽긋 웃으며 "그러면 됐다"라고 응답해 주었다. 하늘에서 부드러운 아침 햇살이 반짝였다.

"오빠, 나의 오빠로 와 주어서 고맙습니다. 바람막이가 되어 주셔서 감사합니다. 오빠, 천국에서 만나요!"

문득 언젠가 읽은 김초혜 시인의 〈안부〉라는 시가 떠올랐다.

(…)

강을 사이에 두고
꽃잎을 띄우네

잘 있으면 된다고.
잘 있다고
(…)

생명을 주는 죽음

메멘토 모리Memento mori는 '자신의 죽음을 기억하라' 또는 '너는 반드시 죽는다는 것을 기억하라'는 의미의 라틴어로, 삶의 유한함과 죽음의 불가피성을 상기시킨다.

2024년 7월, 서울 시청역 근처에서 발생한 안타까운 사고는 다시 한번 우리의 심장을 무겁게 했다. 한 60대 남성이 제한 속도를 무시하고 역주행한 뒤 인도로 돌진해 승진 회식을 마치고 돌아가던 금융회사 직원을 포함해 9명이 목숨을 잃었고, 5명은 다쳤다는 소식이었다.

이런 충격적인 뉴스를 들으면 '헉! 어떻게 이런 일이…' 하는 생각이 들고, 고개가 앞으로 떨어지면서 어깨가 처진다. 불의의 사고로 목숨을 잃은 이들과 그 가족을 생각하면 마음이 무겁고 분노가 치민다. '도대체 이게 무슨 일이야, 어떻게 된 일인가?'라는 울분이 올라온다. 살아도 살아 있다고 할 수 없고, 언제 나에게 일어날지 예측할 수 없는 불안에 무기력해진다.

무엇보다도, 준비 없이 삶을 마감한 이들에 대해 안타까움이 크다. 사랑하는 이들과 마지막 인사를 나누지 못하고, 삶을 정리할 시간도 없이 생을 마쳤다는 것이 비통하다.

현대 사회는 급변하는 정보와 기술 속에서 빠르게 발전하지만, 동시에 예기치 못한 사건 사고가 빈번하게 발생하는 불안한 시대이기도 하다. 매일 뉴스를 통해 접하는 사고와 재난 소식은 삶의 불확실성을 일깨운다.

우리는 삶의 모든 것을 알 수 없으며, 죽음 또한 예측할 수 없다. 죽음은 필연적인 사실이지만, 직접 경험할 수 없기에 미지의 영역으로 남아 있다. 이러한 죽음에 대한 무지는 불안과 두려움을 증폭시키고, 심지어 죽음에 관해 이야기하는 것조차 금기시하게 만든다. 더욱이 죽음이 남긴 이별과 슬픔, 상실감은 남은 사람들의 평범한 일상을 흔들어 놓는다.

네덜란드 출신의 가톨릭 사제이자 심리학자인 헨리 나우웬 신부님은 〈죽음, 가장 큰 선물: 죽음을 맞이하는 일과 죽어 가는 이를 돌보는 일에 관한 묵상)이라는 책에서 다음과 같이 말씀하셨다.

"나는 가장 깊은 차원에서 죽음이야말로 삶의 가장 중요한 행위라는 사실을 깨달았다. 우리는 죽음을 통하여 다른 사람을 죄책감으로 묶어놓을 수도 있고, 자유로이 감사할 수 있는 상태에 놓아줄 수도 있다. 이 둘의 차이는 바로 하나는 생명을 주는 죽음이고, 다른 하나는 그저 죽는 것이라는 점이다."

신부님의 말씀을 나는 가족의 죽음을 통해 경험했다. 어머니는 2010년 5월에 김밥을 드시다가 김밥이 기도로 넘어가는 사고로 갑작스럽게 돌아가셨다. 함께 생활하시던 아버지의 충격은 말로 표현할 수 없었고, 자식들 역시 예고 없이 맞이한 어머니의 죽음 앞에서 망연자실했다.

장례를 치르고 나서도 살아계실 때 어머니께 표현 못한 사랑과 못다 한 이야기들이 응어리로 남았다. 어머니의 숨통을 막았던 김밥이 자식들의 목에 남아 있는 듯했다. 자책감과 후회의 감정으로 때론 울지도 못하고 가슴을 쳤고, 어느 때는 너무 울어서 병이 되기도 했다. 그렇게 어머니의 삶과 죽음에서 우리 엄마만이 주실 수 있는 사랑과 감사를 회복하는 데는 시간이 필요했다.

그에 비해 말기 암으로 2013년 10월에 선종하신 아버지는 죽음을 준비하는 시간이 허락되었다. 호스피스 병동에 계시는 동안 돌봐드릴 수 있었고, 사랑을 표현했으며 가슴에 담아두었던 말들도 주고받을 수 있었다.

준비된 아버지의 죽음이 슬프지 않았던 건 아니지만, 그 슬픔은 봄비와 같았다. 그리고 아버지의 평화로운 임종은 자식들에게도 안도감을 주었다. 그것은 아버지의 고통이 이제는 끝나고 좋은 곳에 가셔서 행복하시다는 안도감이었다. 아버지를 언젠가는 다시 만나리라는 희망에 찬 평안을 느낄 수 있었다.

그리고 2016년 3월 50대 초반의 나이에 갑작스럽게 하늘나라로 간 오빠의 죽음. 오빠가 돌아가신 후 물리적인 시간은 하루하루 흘렀지만, 무의식의 시간은 오빠의 죽음 앞에 얼어붙었다. 어머니의 경우처럼 시간이라는 약이 필요했다. 기도와 '받아들임'이라는 작업을 통해 풀림이 일어나고 나서야 막혔던 애도를 흘려보낼 수 있었다.

가족의 사랑은 죽음으로 끝나는 것이 아니었다. 오히려 엄마, 아빠, 오빠의 사랑과 삶의 메시지는 떠나신 후에 더욱 선명하게 다가왔다. 애도의 시간을 통해 우리는 슬픔을 넘어 다시 만나리라는 희망을 되새기게 되고, 우리가 단순히 유한한 존재가 아님을 바라보게 된다.

죽음은 삶의 자연스러운 일부이며, 이를 받아들이고 준비하는 것은 남은 삶을 더욱 가치 있게 만드는 여정이 되리라. 죽음에 대한 두려움을 직시하고 현재를 충실하게 살아가는 것, 그것이 진정한 죽음의 준비일 것이다.

다가올 마지막 순간, 평화롭고 충만한 마음으로 그 시간을 맞이하기 위해 우리는 매 순간을 진실하게 살아가야겠다. 독일의 철학자 마틴 하이데거는 "우리의 삶이 언젠가 끝난다는 사실은 분명 불안하고 두려운 것이다. 하지만 일회적인 존재라는 사실은 획일화된 삶에서 벗어나 새로운 도전을 할 수 있음을 의미한다"라고 말했다.

나는 후회 없는 죽음을 맞이하고 싶다. 삶의 마지막 순간, 내가 선택하고 사랑했던 모든 것에 대해 후회하지 않도록 죽음을 준비하고자 한다. 삶의 마지막을 준비하는 과정은 '연명 치료 거부'[†]와 같은 존엄한 죽음에 대한 고민에 그치는 것이 아니라, 사랑하는 이들과 나 자신을 위한 여정이기도 하다.

나는 죽기 전에 내 방을 단정히 정리하고 싶다. 살아온 삶과 맺어온 인간관계에서도 얽힘이 남지 않도록 풀 것은 풀면서 살 수 있기를 간절히 바란다. 수도자들의 저녁기도 중에는 이런 구절이 있다. "이 밤을 편히 쉬게 하시고, 거룩한 죽음을 맞게 하소서." 하루를 마무리하며 바치는 이 기도에서 '거룩한 죽음'은 잘 준비된 죽음을 의미한다고 생각한다. 준비된 죽음이란 임종의 시기를 알고 유

[†] 연명 치료 거부는 의학적으로 더 이상의 회복 가능성이 없거나 회복이 극히 희박한 상태에서 이루어지는 치료에 대해 환자 또는 가족이 그만두기를 선택하는 결정을 의미한다. 이 결정은 종종 인간으로서의 존엄과 질 높은 삶에 대한 고민의 결과로 이루어지며, 더 이상 무의미한 생명의 연장을 위한 의료 처치보다는 남은 시간을 고요하게 보내기를 원할 때 고려되곤 한다. '사전연명의료의향서'를 작성할 수 있다.

언장을 미리 써두는 일만을 뜻하지 않을 것이다, 시간적인 의미를 넘어, 주어진 삶을 충실히 살아내고 맡겨진 소명을 다하며 후회 없이 살다가 맞이하는 죽음이다. 진정으로 사랑하고 사랑받는 삶, 바로 그것이 '거룩한 죽음'으로 우리를 평안히 이끌어 줄 것이라고 믿는다.

죽음이 눈앞에 다가왔을 때 어떤 마음일지는 감히 헤아릴 수 없지만, 지금으로서는 죽음이 두렵지 않다. 오히려 하느님을 만날 기대와, 먼저 하늘나라로 가신 부모님과 오빠를 다시 만날 수 있다는 희망에 마음이 설렌다.

나는 자비하신 하느님께서 이 세상에서 나름대로 최선을 다해 살아온 나를 당신의 나라로 따뜻하게 맞아주실 것이라 굳게 믿고 있다. 부모님과 오빠 또한 각자의 삶 속에서 진실하게 살아오셨기에 분명 하느님의 품 안에서 영원한 안식을 누리고 계시리라. 특히 부모님의 사랑은 그 자체로 숭고하며, 자식을 낳아 기르시는 그 사랑만으로도 하늘의 축복을 받을 자격이 충분하다고 생각한다.

죽음은 삶의 끝이 아니라, 사랑과 감사의 깊이를 일깨우는 삶의 한 부분이다. 우리는 유한한 존재로서 매 순간을 소중히 여기고, 진정으로 사랑하며 서로를 용서하는 마음으로 죽음을 준비할 때 후회 없이 이 세상을 떠날 수 있다.

내 방을 정리하듯 삶의 매듭들을 하나하나 풀어내고 평화로운 마음으로 마지막 여정을 맞이할 수 있기를 소망한다. 사랑이 흐르는 삶을 통해 더욱 의미 있는 죽음을 맞이하고 싶다. 죽음은 우리가 사랑한 이들과의 만남을 준비하는 아름다운 초대장이자, 삶의 여정에서 가장 깊은 감사를 느끼게 하는 거룩한 순간이 될 것이다.

4부

아버지와의 편지 대화

부모도 동기간도 친구도 금은보화도 권력도 네 갈 길을 대신할 수 없는 것이다.
어떤 고통도 어떤 행복도 네가 혼자 갈고 닦고 할 일이니,
하느님의 종으로서 맡은 바 책임을 다하여 하느님 마음에 드는 종이 되길
노력하려무나. 집 생각이나 친구나 사회 모든 것 잊어버리고 하느님을 믿고
성모님께 의지하여 부지런하고 열심히 살기 바란다. 그것이 부모에게 효도하는
것이라고 본다. 하느님께 기도 많이 하길 바란다. 나도 기도한다.

아버지께 보낸 첫 번째 편지
(1993년 5월)

보고 싶은 아버지께

5월의 수녀원 동산은 푸르름의 잔치가 한창입니다. 일곱 그루의 미루나무는 서로 키재기라도 하듯 하늘을 향해 커가고 있고요. 벚나무, 느티나무, 은행나무는 어린잎이 싱그럽습니다. 철쭉에 이어 영산홍이 알록달록 피어나고, 맥문동과 옥잠화가 쏙쏙 올라오는 동산을 걷다 보면 아련한 찔레꽃 향기에 노래를 흥얼거리게 됩니다.

아버지, 건강은 어떠신지요?
곧 어버이날이라 더욱 부모님 생각이 자라고 있어요. 거기에 법정 수련기라 면회도 안된다는 규칙이 그리움을 더욱 짙게 만드네요.

법정 수련기 시작 전에 집 휴가 가서 뵌 어머니의 모습. 퀭한 얼굴과 흐트러진 흰머리, 맛깔나는 만두를 빚으시던 통통한 손은 힘없이 늘어져 제 손조차 잡지 못하셨습니다. 병명을 알 수 없는 엄마의 병. 아마도 가난과 험난한 세월이 할퀴고 간 흔적이겠지요. 살아내느라 참고 견뎌야 했던 엄마의 시간. 그 무게가 이제 더는 못 참겠다고 엄마를 흔들어 넘어뜨리고 있는 것 같습니다. 그런 엄마를 뒤로하고 수녀원에 왔으니 참으로 모진 딸입니다. 저의 불효를 용서하세요. 아버지!

그래서 더욱 엄마가 건강해지시길 늘 기도하고 있습니다. 곁에서 돌봐드리지 못하는 안타까움을 기도에 꾹꾹 눌러 담아 간절하게 기도합니다. 아버지께 죄송하고, 오빠와 동생들에게 미안하기도 하고요. 엄마의 병간호를 피해 도망치듯 수녀원에 와 있는 건 아닌가, 자신을 스스로 검열하게 됩니다.

미안해하며 주춤거리기보다 더욱 수도 생활에 매진해야겠지요. 그것이 제가 가족들을 돕는 것임을 알면서도 자꾸 마음 한구석은 어머니 생각에 그늘이 집니다. 병명이라도 알 수 있다면 병의 예후를 짐작이라도 할 수 있을 텐데요. 그 병에는 뭐가 좋다더라고 정보라도 알려드릴 수 있으련만… 아무것도 어찌해볼 수 없는 무기력감에 눈물짓습니다.

그러나 아버지, 너무 염려 마세요. 마음 굳게 먹고 지냅니다. 아픈 엄마를 두고 수녀원에 왔는데, 더 열심히 살아야지요. 시련은 기도의 불씨가 되어 살아 있는 기도를 하게 됩니다.

아버지, 법정 수련기를 시작한 지도 벌써 3개월째로 접어들고 있어요. 1991년 가을에 수녀원 와서 벌써 햇수로도 3년째. 법정 수련기 시작하며 입은 수도복이 아직은 어색합니다. 수도복에 맞는 수녀다운 마음과 정신, 영성이 무르익어야 자연스러워 보이겠지요.

선생 수녀님께서 교회법으로 정해진 이 1년간의 수련기는 정말 중요하다고 하셨어요. 이 기간에 하느님과의 인격적인 만남을 심화해야 하고, 우리 수녀회에 대한 정체성을 확립하는 시기라고 강조하셨지요. 또한 공동체 생활에 대한 자율적이며 능동적인 투신을 익혀야 한다고 덧붙이셨습니다. 꼭 그렇게 해서 훌륭한 수녀가 되고 싶어요. 예수님의 마음을 닮은 기도하는 수도자가 되고 싶습니다.

오전에는 성경과 기도, 전례, 교회 문헌, 성베네딕도 수도규칙, 회헌과 총회 문헌 등의 교육을 받고 있어요. 이로써 우리 수녀회의 영성이 마음과 정신에 스며들 수 있도록 하는 것이지요. 오후에는 수녀원 주방이나 빨래방, 상지 피정 집에서 수녀님들과 일을 하며 공동체 생활을 익히고 있습니다. 자매들과 수녀님들과 지내는 생활이 재미있어요. 수녀원도 사람 사는 곳이라 살짝 관계의 어려움도 있긴 하지만, 견딜 만합니다.

어제는 제가 좋아하는 '영성과 심리' 수업이 있었어요. 수도자로서 내적인 자세와 한 인간으로서의 심성에 대한 수업인데, 생각할 거리가 많습니다. 어제 일기장에도 적었지만, 수도자는 홀로 그리고 함께 살아가는 법을 익혀야 한다는 말씀이 인상 깊었어요.
그리고 아버지, 수도자는 세상과 가족을 떠나 마음의 순결을 간직하고 오직 하느님만을 따를 수 있도록 자유로워져야 한다고 해요. 그런데 저는 너무도 부족합니다. 세상으로부터도 자유롭지 못하고, 가족 생각도 많이 하고 있어요.
더구나 수녀원 들어오기 전에 사회생활을 할 때는 잘 생각하지 않았던 어린 시절도 떠오르곤 해요. 고요한 수녀원 분위기와 기도 생활에서 생각할 시간이 많아져서 그런가 봅니다. 그 기억 중에 시골에서 지냈던 일이 자주 생각납니다. 주로 큰아버지에게 혼나거나 혼자 울고 있는 장면들이지요. 그래서 아버지께 여쭈어보고 싶었어요.
저는 몇 살 때, 어떤 사연으로 시골 큰아버지 댁에서 자라게 되었는지요?
동생들과는 소꿉놀이도 하고 함께 어울려 놀던 기억이 있는데, 오빠와는 떠오르는 추억이 별로 없더라고요. 그래서 오빠와 어릴 때 같이 어떻게 지냈는지 궁금했어요.

아버지, 신화에서는 곰이 마늘과 쑥을 100일 동안 먹고 사람이 되었다고 하는데, 저는 수녀원에 와서 진짜 사람이 되어 가는 것 같습니다. 집에서는 엄마가 해주시는 밥을 받아먹기만 했었는데, 수녀원 와서 주방일도 하게 되고, 바느질도 하고 있어요. 많은 수녀님 사이에서 친절과 배려를 배우고 있고요. 기도하며 자신을 성찰하고 타인을 위해 기도하는 법도 배웁니다.

무엇보다 가족들이 얼마나 소중한지를 배우고 있어요. 가족을 떠나 가족을 바라보니 제가 받은 사랑과 부모님의 고마움이 절실하게 다가옵니다. 더구나 아프신 엄마를 생각하니 병치레 많았던 저를 키우시느라 고생하신 세월의 무게도 느껴지고요.

또한 함께 수녀원에 들어온 동기 수녀님들과의 생활 속에서 배우는 것도 많습니다. 연령대도 서로 다르고, 자라온 지역도 제각각인 다른 자매들이 그들의 가족과 맺는 관계를 가까이서 지켜보며 저를 돌아보게 됩니다. 제가 제 앞가림하기에만 바빠서 오빠와 동생들에게 얼마나 이기적이었는지 반성하고 있어요. 20대 후반에 이렇게 수녀원 와서 비로소 철들고 사람이 되어 갑니다.

아버지, 저를 위해 기도해 주세요. 좋은 사람, 좋은 수녀 되도록 기도 많이 해주세요.

그리고 답장은 어려우시면 안 쓰셔도 되어요. 괜히 아버지께 부담드리는 것은 아닌지 염려됩니다. 건강하세요. 아버지.

기도 안에서 뵙기를 희망하며 이만 줄입니다.

주님의 은총 안에서 날마다 복된 날들 되시길 빌며

푸른 5월의 창가에서

수녀 딸 인숙 올림

아버지의 답장(1993. 6. 14)

주님의 평화가 항상 너와 함께하시길!

1966년, 가난한 사람들의 쓸쓸한 가을의 일이었다.

우리 땅은 한 평도 없기에 남의 땅 얻어 죽어라 농사지었지. 하지만 추수해서 땅임자 주고, 비룟값 주고 세금 물고 농사짓느라 빚얻어 쓴 것 갚고 나니 남은 것이 겨우 세 식구 3개월 치 양식 정도였어. 그나마 시골이라 사서 먹는 부식비를 빼니 다음 해 2월까지는 그럭저럭 먹을 것은 되더구나. 그런데 3월부터 농사짓고 먹고살

려면 또 빚을 져야만 하는 거야. 그러느니 차라리 서울 가서 벌어먹고살자고 네 엄마가 제안하더구나. 나는 몸도 건강치 못한데 뭘 해서 먹고사느냐고 하니까, 네 엄마가 파출부라도 해서 먹고살 자신이 있다고 하더군. 그래서 드디어 1967년 1월 20일 서울로 올라오게 되었다(너를 임신한 지 8개월 된 몸으로).

그때 큰아버지가 요셉(나의 바로 위 오빠)을 '자리 잡힐 때까지 데리고 있겠다'라고 하시더구나. 두 분 처지도 쓸쓸해 보이고(두 분은 슬하에 자녀가 없으셨다), 또 너 태어날 때도 가깝고 이래저래 해서 두고 상경하게 되었어. 그러나 그것이 큰 잘못인 줄 요셉을 학교 입학시킨 후에 알았지, 뭐니.

서울로 이사 온 후로 외삼촌(엄마의 남동생) 거처를 알아보니 잠자리가 일정치 않았어. 하루 벌어 하루 먹고 사는 뜨내기 신세더라고. 그래서 우선 침식을 같이하고, 저축이라도 해서 앞날을 보람 있게 살자고 설득하여 함께 살게 되었단다.

너도 기억날지 모르지만, 우리가 국수 장사할 때 구멍가게도 했었잖니. 그때 네가 풍선껌을 잘 불었지. 껌을 불며 나가 놀면 이웃집 아이들이 몰려 잘 팔리고, 연을 가지고 나가면 연이 잘 팔리고, 장난감을 가지고 나가면 장난감이 잘 팔렸어.

하루는 명절 때 장난감 총을 많이 사 놓고 안 팔려서 이리 놓고 저리 치고 하던 어느 날, 네가 그것을 달라고 해서 줬더니 꽤 많던 총이 하나하나 팔리더라고. 신기했지. 저녁때는 다 팔려서 총을 찾는 아이에게 못 팔 정도였어. 그 아이는 자기 할머니 손을 잡고 막 울지, 뭐냐. 그 후 잘 안 팔리는 장난감은 '인숙이 줘서 나가 놀라고 하면 잘 팔리니 걱정 없다' 하며 엄마와 한바탕 웃은 적도 있단다.

월세로 얻은 이 집은 가게가 두 칸, 방이 한 칸이었다. 방이 작은 데도 겨울이면 추워서 난로 없이는 못 견뎠지. 여름엔 삼촌이 가게에다 간이침대를 놓고 자고, 겨울엔 나, 엄마, 너, 삼촌 4식구가 겨우 간신히 껴 자는 비좁은 방이었어. 그런데 요셉을 초등학교에 입학시킬 시기도 되고, 안나 낳을 시기도 닥쳐오고 해서 걱정이 되더구나. 1971년 정월 명절에 새 한복을 준비해 너에게 입히고 시골에 데리고 갔지. 그랬더니 영리하고 예쁘다고 소문이 나지, 뭐냐.

어린 너를 시골에 떼어놓고 대신 서울로 데리고 올라온 요셉은 3월부터 학교에 다녔지. 그런데 혼자 심심할 때나 저녁때가 되면 요셉이 먼 하늘을 우러러 눈물을 줄줄 흘리며 넋이 빠진 사람처럼 울고 있더라고. 내가 '너 왜 우니?' 물으니 큰아버지 큰엄마 생각이 나서 운다는 거야. 가게에서 맘대로 먹으래도 싫다, 가지래도 싫다, 모두 게 다 싫다고만 해. 나중에 제일 갖고 싶은 게 무엇이냐고 물으니 '자전거'라고 해서 사주었지. 그것도 잠시뿐이고 시골을 영영 못 잊는 거야.

그런데 문제는 요셉만이 아니고, 시골 큰아버지도 큰엄마도 자나 깨나 요셉을 못 잊어 하셨어. 눈물로 세월을 보내고 술을 안 잡수시는 분이 술도 먹고 괴로워한다는 소식이 자주 들려왔지. 집안 어른들도 '제 팔자니 서울이나 시골이나 서로 편하게 해주는 것이 좋겠다'라고 하시더라고.

그러던 중 여름방학이 되어 시골서 방학을 보내고 오더니 더욱 더 시골을 못 잊어 애태우니 어쩔 도리가 없더구나. 네 생각도 간절하고 하여 음력 9월 할아버지 제사 때 요셉을 시골로 전학시키고 너를 데려왔지. 그러니 너와 오빠가 같이 있던 날은 1월, 2월 그리고 여름방학 때까지 모두 치면 삼 개월쯤일까? 삼 개월은 좀 더 되겠구나.

너는 그때 나이 4살이었지만 눈치 빠르고 영리했어. 게다가 고집부리지 않고 마음이 약해서 '안돼' 하면 두 번 다시 조르지도 않았지. 어른들의 속 썩이는 일이 없었다. 오빠도 또한 맘이 약하여 너한테 못되게 굴거나 심술궂은 짓을 안 했으니 기억에 남을 건더기가 있겠니? 그것도 아웅다웅 싸우면서 큰 것도 아니고, 서로 헤어져서 컸으니 말이야.

영리하고 눈치가 빠른 네가, 남달리 정이 많은 네가 본 환경 변화는 너무나 컸을 것이야. 나도 네 편지 보고 느끼는 바 크다. 왜냐하면 국수 장사하는 별 볼 일 없는 구멍가게였지만 그 가게에는 네가 좋아하는 껌, 과자, 사탕 하며 먹을 것이 풍성한 가게였지. 밤이고 낮이고, 들어가나 나가나 너 혼자이니 이것저것 먹고 싶은 대로 먹을 수 있는 네 세상이었어. 목마 타는 것을 좋아하니 말만 오면 사진도 찍고 귀염받았단다.

그러던 어느 날 갑자기 한복 입혀 시골에다 두고, 아버지는 혼자 서울로 가버렸으니… 농사일 없을 땐 큰엄마가 업고서 이집 저집 마실 다니면 먹을 것도 더러 생겨서 챙겼다고 하시더군. 하지만 농번기가 되어서는 종일 혼자 있으니 엄마도 보고 싶고, 말 타고 노는 것도 그립고, 가게의 먹을 것들도 생각났겠지. 큰엄마한테 사달라고 해봐야 야단만 맞았을 테고 말이야.

그 어린 게 그리움과 배고픔을 참느라고 얼마나 힘들었겠니. 그러니 집 생각은 또 얼마나 많았겠어. 9개월, 10개월 긴 세월 동안 엄마는 한 번도 못 가고, 아빠만 두 번 사탕, 과자 몇 봉 갖고 갔었어. 그때마다 따라가고 싶은 마음은 간절한데, 큰엄마 손에 잡혀 있거나 업혀서 하기 싫은 빠이빠이 억지로 해야 했지. 두 번 세 번 시켜서 했으니 노래 가사처럼 그리움이 변하여 한이 되고 미움이 쌓였을 것 같구나.

그렇게 그리워하고 보고 싶었던 엄마와 먹고 싶은 주전부리였는데… 다시 서울 와서 보니 가게는 없어졌지, 엄마는 아기를 낳았는지 주워 왔는지 아기 씻기고 틈만 있으면 아이 젖 주고 말이야, 옛날에 저한테만 해주던 걸 동생한테만 해주고 저한테는 안 해주니 어린 네 생각에 미워서 그러는 걸로 생각했겠지.

구멍가게는 처음에는 이웃 사람들의 동정으로 좀 팔았는데 국수 장사에 힘쓰다 보니 물건을 제대로 못 갖다 놓는 날이 많아졌어. 게다가 여름엔 사탕은 녹고 과자는 곰팡이 나고, 겨울엔 맥주며 사이다, 콜라가 얼어서 깨지고 달걀도 얼어서 터지고 하는 거야. 여름 장마철 지나 정리하니까 과자, 사탕 버릴 게 너무 많더라고. 실제로 많이 밑져서 없애버렸단다.

네가 시골 갈 때는 동생 낳기 전이고, 가게도 있었지. 그러나 9개월 보름 정도 시골에 있다가 와서 보니 가게도 없고, 없던 아기가 네 동생이라며 아이한테만 잘해주고 하는 상황이 되어 있었던 거야. 그러니 어린 네가 겪는 환경 변화는 감당하기 어려웠을 것 같구나. 미안하다…

네가 어려서부터 잔병치레를 많이 하고, 몸도 약했어. 그러나 누구보다도 사랑받고 귀염받고 자랐기에 시골 큰아버지와 서울 큰엄마는 너무 너만 위해주고 귀엽게 키운다고 타박하셨지. 네가 몸만 약한 것이 아니라, 마음마저 약한 어린애로 키웠다고 가끔 흉을

본단다. 동생처럼 어려서부터 고집도 세고 건강하면 맞기도 하고 구박도 받고 했겠지. 하지만 어려서부터 몸은 약했지만 눈치 빠르고 귀엽게 말도 잘 듣고 하니 맞을 짓도, 구박받을 일도 도무지 안 하는 거야. 그러니 혼낼 이유가 없었어.

너를 시골 보낸 이유는 대략 이러하다. 네가 이 편지 보고 이해가 될는지 모르겠다. 식구가 모여서 대화하면 이해가 빠를 텐데…

한 번의 호흡도 하느님의 은총이거늘 오직 하느님만을 믿고 지혜와 능력을 간구하며† (쟁기 잡고 뒤를 자꾸 보는 일꾼이 되지 말고) 기도하자. "구하면 받고 찾으면 얻고 두드리면 열린다"‡라고 하신 예수님 말씀 믿고 하나하나 풀자꾸나. 물 없는 개울에 쓰레기가 장마에 싹 씻겨 내려가듯이 네 가슴에 쌓인 모든 문제가 확 풀리기를!

아무쪼록 이 편지로 네 과거의 응어리진 문제나 궁금증이 풀잎에 이슬처럼 사라지길 빈다. 그리고 어찌하면 하느님이 좋아하실까, 어찌하면 만민의 어머니가 될까 노력하렴. 말로만 하는 사랑이

---

† 누구든지 쟁기에 손을 얹고 뒤를 돌아다보는 사람은 하느님 나라에 합당하지 않습니다. (루가 9,62)

‡ 누구든지 청하는 이는 받고, 찾는 이는 얻고, 문을 두드리는 이에게는 열릴 것이다. (마태 7,8)

아니고 행동의 사랑을 실천하여 좋은 수녀, 훌륭한 수녀로 변화되길 간절히 기도하며 바란다.

부모도 동기간도 친구도 금은보화도 권력도 네 갈 길을 대신할 수 없는 것이다. 어떤 고통도 어떤 행복도 네가 혼자 갈고 닦고 할 일이니, 하느님의 종으로서 맡은 바 책임을 다하여 하느님 마음에 드는 종이 되길 노력하려무나. 영육 간 건강도 주시길 간절히 원할 때 이루어 주시리라 믿는다.

끝으로, 엄마도 점점 건강이 좋아지고 계시니 걱정하지 말아라. 네 오빠와 동생들도 건강하며, 직장 잘 다니고 가정에도 충실하단다. 그러니 집 생각이나 친구나 사회 모든 것 삭삭 잊어버리고 오직 하느님을 생각하렴. 하느님을 믿고 믿으며 성모님께 의지하여 부지런하고 열심히 살기 바란다. 그것이 부모에게 효도하는 것이라고 본다.

너는 어려서부터 영리하고 눈치 빠르고 주어진 일의 책임을 다했지. 끈기도 있고, 사랑이 많은 너였어. 그러니 분명 성인 못지않게 훌륭한 수녀로 성장할 수 있을 것이다.

하느님께 기도 많이 하길 바란다. 나도 기도한다. 이만!

사랑하는 딸 인숙 데레사에게
아빠가

아버지께 보낸 두 번째 편지

사랑하는 아빠에게

세월은 흐르는 것이 아니라 쌓이는 것이라는 말이 떠오릅니다. 시간은 추억이 되어 쌓이고, 마음에 흔적을 남기며 또한 열매로도 남습니다. '이 마을 전설이 주저리주저리 열리고/ 먼데 하늘이 꿈꾸며 알알이 들어와 박혀'라는 이육사 시인의 〈청포도〉가 생각나는 칠월, 아버지 그간 건강하셨는지요?

아버지 답장, 참 감사합니다.
아버지께서 글을 이렇게 잘 쓰시는 분인 줄 예전에는 미처 몰랐어요. 아버지를 많이 닮았다는 말을 종종 듣는데, 글 쓰는 재능도 아버지로부터 물려받았나 봅니다. 정말 감사합니다. 아버지.

제가 시골로 보내지게 된 이야기를 읽다 보니 그 안에 스며든 시대의 애환과 가난이 문장 사이에서 고스란히 느껴졌습니다. 또한 아버지 말씀처럼 어린 제가 겪은 갑작스러운 환경 변화는 얼마나 혼란스러웠을까요. 특히 시골에서 혼자 엄마를 그리워하며 울었을 네 살 아이의 마음을 떠올리니, 괜스레 마음이 먹먹하고 슬퍼지더라고요.

시골에서 기억들은 힘든 것들이 많습니다. 엄마 없는 아이라고 놀림을 받기도 했었어요. 울며 신작로를 걷고 있거나 비 오는 날 마루에 혼자 우두커니 앉아 있던 쓸쓸한 장면 등… 한마디로 천덕꾸러기 신세였죠. 큰아버지 큰엄마께서는 오빠를 그리워하시느라 눈앞에 있는 저에게는 정을 쏟기보다 화와 짜증을 많이 내셨던 것 같아요. 한숨이 납니다.

그리고 마침내 그렇게 그리던 엄마와 우리 집, 서울로 돌아왔지만 여전히 겪어야 했던 또 다른 어려움들… 엄마는 어린 동생들을 돌보느라 제게는 눈길조차 주지 못했고, 가게마저 없어졌으니 기댈 곳도 없었겠지요. 그 시절, 빼앗긴 엄마의 관심을 조금이라도 끌고자 애어른처럼 굴던 어린 인숙이가 지금도 제 안에 살아 있습니다.

"세 살 버릇 여든 간다"라는 속담처럼 어린 시절의 경험은 성인이 된 후에도 여전히 큰 영향을 미친다고 합니다. 저 역시도 그렇고요. 아버지 편지를 읽으며 눈치 보는 저 자신이 이해되었어요. 쉽게 주눅 들고 금방 움츠러드는 저를 봅니다. 제가 좋아하는 것들이 뭔지도 잘 모르고, 자기표현도 미숙해요.

생각해 보면, 저는 늘 다른 사람의 시선을 신경 쓰며 살았습니다. 은행에 다닐 때도 뒷줄에 계신 대리님이나 차장님의 시선을 많이 의식했던 것 같습니다. 은행 언니들 말에 지나치게 신경 쓰고, 손님들에게도 자신 없이 대했었지요. 그래서 창구에서 일할 때도 자주 돈 계산이 잘 틀렸나 봅니다. 너무 긴장해서 말이죠.

이제야 말씀드리지만, 우는 날이 많았어요. 상고 졸업하고 은행에서 사회생활 하는 저의 모습이 제 몸짓보다 큰 옷을 입고 줄타기를 하는 곡예사처럼 버거웠습니다. 사회생활 첫해에 폐결핵에 걸릴 정도였으니까요. 몸이 말하듯 매우 힘들었습니다. 은행의 일도, 사람들도 너무 어렵더라고요. 사회생활 힘들어서 헤맬 때마다 대학 진학 못한 것이 또 그렇게 원망스러웠습니다.

하지만 아버지, 마음 아파하지 마세요. 지난 일인 걸요. 그리고 사람은 상처보다 크다고 합니다. 그러니 시간은 좀 걸리더라도 잘 극복해 가겠습니다. 지금은 부모님 원망하는 마음도 없고, 감사의 마음이 더 크니까 잘될 것입니다.

아버지, 아버지께서 주신 지난 편지에서 밑줄 그은 문장이 있어요.
"부모도 동기간도 친구도 금은보화도 권력도 네 갈 길을 대신할 수 없는 것이다. 어떤 고통도 어떤 행복도 네가 혼자 갈고 닦고 할 일이니, 하느님의 종으로서 맞은 바 책임을 다하여 하느님 마음에 드는 종이 되길 노력하려무나."
아버지 말씀을 마음에 새깁니다. 아무도 대신 갈 수 없는 저만의 길을 뚜벅뚜벅 갈게요. '무소의 뿔처럼 혼자서 가라' 〈숫타니파타경전〉의 말씀처럼 상처에 휘둘리지 않고 성장의 디딤돌 삼겠습니다.

소리에 놀라지 않는 사자와 같이,
그물에 걸리지 않는 바람과 같이,
진흙에 물들지 않는 연꽃과 같이,
무소의 뿔처럼 혼자서 가라.

아버지, 아버지께서 신앙을 갖게 된 계기가 궁금합니다. 그리고 이건 조금 뜬금없는 질문일 수도 있지만, 저의 태몽에 대해 기억하고 계신 것이 있으세요? 아버지께서 조곤조곤 말씀하시듯 편지를 정성스럽게 써 주시니 이렇듯 사소한 것들도 여쭈어보게 되네요.

어머니 건강은 좀 어떠신지요?
아버지 편지에 어머니께서 점점 좋아지고 계신다고는 하나, 딸의 마음엔 여전히 걱정이 가시지를 않습니다. 눈으로 보아야 안심이 될 듯한 데 그럴 수 없으니 안타까운 마음입니다. 다만 기도로 어머니께 다가가 손도 잡아보고, 이마도 짚어볼 뿐입니다.
부디 엄마와 엄마를 돌보고 계신 가족 모두 건강하시기를 기도하고 또 기도합니다.

청포도가 익어가는 계절에
아버지의 딸 인숙 올림

아버지의 답장(1993. 7. 20)

사랑하는 딸 인숙이 데레사에게

사랑하는 딸 인숙아, 너의 편지 받아보니 엄청나게 기뻐서 읽고 또 읽었다.

　너의 염려로 나도 건강하고, 엄마도 차차 좋아지고 계셔. 네 오빠도 직장 잘 다니며, 동생들도 잘 있단다. 시골 큰엄마도 서울 큰댁도 안녕들 하시며, 또 대모님 댁도 이 다윗 아저씨도 안녕들 하시다. 그러니 집안 대소는 물론 이웃과 사회, 과거는 착착 접어서 보이지 않는 은밀한 곳, 손 가지 않는 곳에 두렴. 특별히 필요하다, 보지 않으면 안 되겠다 싶을 때 잠깐 꺼내 보도록…

　무엇을 어떻게 하여 주님을 기쁘시게 할까, 어떻게 하면 주님이 좋아하실까를 생각해라. 행동에 믿음, 행동에 사랑, 행동에 소망으로 구하면 받고 찾으면 얻고 문을 두드리면 열린다는 주님의 말씀 마음속 깊이 새기렴. 바쁘게 살아야 할 수련 시기이니 심신의 단련이 필요할 때가 아니냐? 영혼이 건강하고 기쁘면 육신은 공짜로 건강해지고 기쁘다는 주님의 말씀 가슴 깊이 간직하고 그 말씀의 뜻을 새기도록, 알겠지!

　네가 듣고 싶은 태몽 이야기는 엄마가 들려주긴 했었다. 하지만 알밤과 관련된 내용이 있었던 것 같은데, 정확히 기억나지 않는구나. 아비의 기억 속에는 태몽이 남아 있지 않아 정말 미안하구나.

　다만 네가 궁금해하는 신앙을 갖게 된 계기에 대해서는 확실하게 대답해 줄 수 있지.

옛날, 용인군 이동면 천리 적동. 퉁적골에는 40가구가 살았는데 그중에 천주교를 믿는 집이 한 가구, 개신교를 믿는 사람이 한 사람, 불교를 믿는 집이 여섯 가구였지. 다 부자요, 잘사는 지주들이었어. 그중 천주교를 믿는 집은 마을에서 네 번째로 부자였지. 인심 좋고 욕심이 없는 진짜 교인, 그리스도처럼 사는 사람이었다.

그때는 쌀 한 말 받고 여름 농번기에 5일간 일을 해주던 때였지. 마을에는 설날 밥도 못해 먹는 가구 수가 무려 25가구였어. 근데 이 천주교인 집에서 12월 마지막 날에 집집이 식구가 많은 집은 쌀 한 말, 식구가 좀 적은 집은 7되, 그보다 적은 집은 5되씩 나누어 주는 거야. 설날 아침밥이나 지어 먹으라고 거저 퍼서 돌렸지. 거기다 초하루 1월 1일 저녁때는 떡국을 끓여서 또 양푼으로, 냄비로 퍼다 주는 천주교인이었어. 그 집에 젊은 머슴이 있어서 저녁에 놀러도 가곤 했지. 새끼도 꼬고 짚신도 만드는 머슴방이라 젊은 사람의 쉼터요, 대화 장소이기도 했단다.

어느 여름, 지금처럼 장마철로 기억된다. 사랑방에 놀러 갔는데, 캄캄한 밤 무더운 초저녁에 비가 주룩주룩 쏟아지고 있었어. 마침 마루에 주인집 여섯 식구가 무릎을 꿇고 앉아서 만과(저녁기도)를 바치더구나. 그 모습이 어찌나 멋지고 아름다워 보이던지. 그 합성기도 소리는 밤비를 타고 세상에 퍼지고 하늘로 올라가 '하느님도 듣고 기쁘시겠구나' 하는 생각이 들더군. 진정 부럽고 부러워서 관심을 두고 보게 되었어. 보면 볼수록 믿고 싶은 생각이 들었지.

주인한테 "어떻게 하면 천주교인이 됩니까?" 하고 물어보니 묵주기도 12단과 320 교리문답 다 외우면 세례를 받을 수 있다고 하더구나. 견진성사는 나중에 받는 거고, 만과(저녁기도), 조과(아침기도), 묵주기도는 책 보고 하면 된다고 알려주시더군. 그러면서 문답책 한 권을 주는 데 진정 기쁜 마음은 형언하기 어려웠다.

그때가 바로 6·25 전쟁 직후라 구호물자가 마을마다 배급되었지만, 천주교회나 개신교회에는 더 많이 나왔어. 구호물자는 주로 밀가루와 의류였단다. 그 때문에 개신교회 나가서 구호물자를 받아오는 사람이 많아서 '구호물자 신자' 소리를 하던 때였지. 나에게도 '구호물자 신자 되려느냐'라며 비웃는 사람들이 좀 있었어.

그러나 그런 말에 괘념치 않고 꾸준히 외우고 외워서 드디어 1955년 4월 예수 부활 대축일날 경기도 양지 남곡리성당에서 세례를 받았단다. 그리고 일주일 후 성당 낙성식 때 노기남 주교님한테 견진성사 받았지. 정말이지 뛸 듯이 기뻤어. 아직도 기억이 생생해.

하지만 미사참례는 한 달에 한 번도 어려웠다. 왜냐하면 신부님이 부족해서 용인엔 성당이 없었거든. 양지 남곡리성당은 왕복 80리 길이고, 미리내는 왕복 40리 길인데 신부님이 상주하지 않았어. 그래서 부활과 성탄 판공 때 두 번 겨우 미사참례 하던 해도 있었지. 평상시에는 주로 공과참례를 했었어. 교우들이 한 집에 모여서 공과 책에 있는 경문, 기도문, 찬미경 읽는 것인데, 그것도 2시간 반에서 3시간 정도 걸렸다.

몇 해 후에 미리내에도 주임 신부님이 부임하셨어. 용인에도 성당 짓고 말이야. 퉁적골에도 경당을 지어서 매주 신부님이 오셔서 미사를 드릴 수 있게 되었지. 미사참례는 자유로워졌으나 가정에 문제가 생겨서 냉담을 한 3년 했단다. 그러다 뉘우치고 다시 성당에 나가기 시작했어. 엄마를 만나 혼인성사 했고 말야.

농번기엔 농촌에 할 일이 많아 엄마도 나도 똑같이 바빴지. 그러다 보니 바쁘다 핑계 아프다 핑계, 이 핑계 저 핑계로 수박 겉핥기식으로 어쩌다 한번 미사참례 하게 되더구나. 서울 와서는 너 낳고 길음동성당 다니다, 그도 멀어서 안 가게 되었어. 미아3동성당 분가해서는 천막 치고 미사를 드리니 여름엔 무척이나 덥더군. 아기하고 푹푹 찌는 천막 속에서 어떻게 하느냐 해서 안 나갔지. 겨울이면 추워서 애 핑계 장사 핑계로 또 3, 4년 냉담하게 되더군. 그래도 주일이면 무언가 허전하고 마음이 무겁고 불안한 느낌이 들었어. 그나마 미사참례를 하면 허전함도 가시고, 마음에 가벼움이 느껴지더구나.

너는 서울에 이사한 지 불과 두 달밖에 안 된 4월에 태어났고, 유아세례는 그다음 달에 바로 받았지. 아는 사람이라곤 서울 큰댁밖에 없을 때였다. 그래서 큰엄마네한테 부탁했더니 큰엄마가 이웃에 사는 젊은 아기 엄마를 연결해 줬어. 그이도 마침 그때 아기를 낳아서 그 아기 엄마는 너의 대모를 서고, 큰엄마는 그 아기 대모를 섰지. 그런데 그 아기 엄마가 이사했다는 거야. 그때는 서로 만나면 인사도 하고 지내다가 헤어진 뒤 서로 잊게 되더구나. 이름도 성도 모르고 큰엄마도 모르니 난 더 모르지 뭐니. 이 또한 미안하다.

네가 4살 때 시골에 있을 때의 일이다. 큰엄마도 큰아버지도 안 믿고, 우리 식구도 냉담을 한 지 3년이나 됐을 때였지. "너 크면 무엇이 되고 싶냐?" 하면 "이 담에 커서 수녀 될 거예요" 대답했다고 해. 내가 시골 가니까 그렇게 시켰느냐고 시골 아줌마들이 물었어. 그때 나는 양심의 가책을 받았지. 어린 네가 수녀가 될 거라고 대답했다는 것이 이상하다고 느꼈거든. 성당에도 잘 안 나가고, 성당에 간다고 해도 수녀님을 흔히 볼 수 없는 때였어. 그러니 '이상한 일이 아닌가?' 하는 수수께끼의 궁금증이 네가 수녀원에 들어간 후에 풀렸다.

어린 네가 눈치 빠르고 영리하다고는 하지만 그때는 요즈음처럼 신부님, 수녀님이 많지 않아 보기 드문 시절이었거든. 겨우 4살 어린 네가 수녀를 생각하고 대답했으니 이는 앞서 주님의 이끄심이요, 성모님의 인도하심이라 생각한다. 나는 그렇게 생각하는데, 너는 어떻게 생각하니?

그때 이후로는 주일 미사참례는 좀처럼 빠진 적이 별로 없다.

지금 안타까운 것은 영세 대부 세속명 모르고, 견진성사 대부 본명을 모른다는 것이다. 그래도 젊어서는 이런 장사 저런 장사 20년 넘도록 장사를 해도 장부 없이 했는데, 이제는 기억상실병에 걸렸는지…

네 편지 보고 좋아서 바로 답장 쓰겠다고 했는데 깜박 잊었지 뭐니.

답장이 늦어서 미안하다.

그럼, 이복 더위에 몸 건강하길 기도하며…

왜 이복 더위냐고? 삼복 더위에서 초복은 지났으니 남은 것은 이복 더위지.

너와 네 동료들과 더불어 선후배 모두 모두 영육 간에 건강하기를 빈다.

하느님의 은총이 여러 수녀님에게 강물처럼 넘치길 바라며.

최인숙 데레사의 아버지 최다미아노 씀

아버지께 보낸 세 번째 편지

계절을 재촉하는 비가 내립니다.

저 비구름 뒤에는 푸른 하늘이 밝게 빛나고 있음을, 보이지 않지만 알 수 있지요.

그렇게 신앙도 삶의 진리도 눈으로 볼 수는 없지만, 삶을 이끄는 등대라고 생각합니다. 비가 오니 더욱 고요해지는 수녀원에서, 맨발을 땅에 묻고 하늘 향해 기도하는 나무가 되어봅니다.

아버지, 무더운 여름은 잘 보내셨는지요?

아버지께서 신앙을 갖게 된 이야기를 정말 감명 깊게 읽었어요.

"기도 소리는 밤비를 타고 세상에 퍼지고 하늘로 올라가 '하느님도 듣고 기쁘시겠구나' 하는 생각"이 드셨다는 표현이 정말 아름다웠습니다. 가족들이 모여 앉아 기도하는 모습이 저절로 그려지더군요. 그 주인 어르신은 참 훌륭하신 분 같았습니다. 동네 분들에게 선을 베푸시는 모습이 실천하는 신앙인의 삶이셨네요. 고마울 따름입니다.

그 어르신 덕분에 아버지께서 천주교인이 되실 수 있었고, 그 덕에 제가 신앙 안에서 자랄 수 있었습니다. 또 이렇게 수녀로 살게 되었고요. 한 사람의 선한 영향력이 세대를 건너 이어지고 있음을 생각하니 숙연해집니다. 감사합니다. 사람은 서로 연결된 존재라는 걸 다시금 깨닫게 됩니다.

더구나 제가 4살 때 꿈이 '수녀'였다니 놀랍습니다. 아버지 말씀대로 하느님께서 이미 제 마음에 '수녀'라는 씨앗을 심어두셨나 봐요. 그런 생각을 하니 더 잘 살아야겠다고 다짐하게 됩니다. 저 혼자 좋아서, 되고 싶어서 수녀원에 들어왔다고 생각했거든요.

한때는 꿈이 '현모양처' 되는 것이었어요. '고아원 원장'이었다가 '선생님'으로 바뀌기도 했었고요. 그러다가 중학생 때부터 '수녀'가 되기로 마음 정하고, 꿈을 키웠지요.

그런데 제가 의식하기도 전에 하느님은 저를 부르고 계셨네요. 저를 통해 하느님께서 이루고자 하는 뜻이 오래전부터 있었나 봅니다. 저를 향한 하느님의 꿈이 이루어질 수 있기를 소망합니다. 아직 수녀로서의 소명과 사명이 무엇인지 잘 모르지만, 기도하며 성실히 살아가겠습니다.

지난주 금요일에는 특강이 있었어요. 심리상담전문가가 오셔서 강의를 해주셨는데, 무척 유익한 시간이었습니다. 강의 끝에는 가계도†를 그리는 시간이 있었어요.

아버지, 가계도는 집안의 혈연 또는 혼인 관계를 나타내는 가족 지도와 같은 것입니다. 그 가계도에는 3대 이상의 가족 전체의 이야기가 담기는데 가족의 역사를 이해하는 데 큰 도움이 되더라고요.

가계도를 통해 현재 내 모습에 어떤 영향을 준 흐름이 있었는지 살펴볼 수도 있고, 인간관계의 원인까지도 파악할 수 있다고 합니다. 가족 안의 트라우마와 상처에서 벗어나 성장하고 변화하는 과정에서도 가계도를 그리는 작업이 중요하다고 하네요, 참 신기하지요.

수녀원에서 기도만 하는 줄 알았더니, 여러 가지를 배우고 있습니다. 하느님 안에서 온전한 한 사람으로 성장할 수 있도록 배려하는 것 같아요. 그럼으로써 하느님께도 영광을 드리지만 앞으로

---

† 심리학적 가계도Genogram는 가족 관계를 최소 3세대까지 확장하여 가족 성원의 정보와 관계를 기록하는 방법이다. M. Bowen에 의해 개념화되었다.

만날 사람들에게 신앙적으로나 인간적으로나 도움이 될 수 있으리라 생각됩니다.

저도 기억을 더듬어 가계도를 그렸어요. 그런데 제가 할아버지, 할머니에 대해 아는 것이 너무 적더군요. 성함은 물론이고, 언제 어떻게 돌아가셨는지조차 알지 못했습니다. 그 사실이 부끄러웠어요.

제가 지금 이 자리에 존재하기까지 부모님은 사랑을 다 주셨습니다. 그리고 조상님들께서 성실히 삶을 살아오셨기에 오늘의 제가 있을 수 있었습니다. 세대를 거쳐 저에게까지 전해진 '생명의 등불'이라 생각하니 가슴 깊이 경이로움과 감사함이 밀려옵니다. 장엄한 생명과 사랑의 물줄기! 우리는 얼마나 귀한 존재들인지요.

편지를 쓰는 동안, 어느새 비구름이 걷히고 별이 반짝입니다.
제가 좋아하는 윤동주 시인의 〈별 헤는 밤〉에 나오는 한 구절이 떠오릅니다.

(…)
별 하나에 추억과
별 하나에 사랑과
별 하나에 쓸쓸함과

별 하나에 동경과

별 하나에 시와

별 하나에 어머니, 어머니

(…)

시인이 어머니를 부르듯 저도 어머니가 그립습니다.

어제는 수녀님들과 북한산에 갔었어요. 탁 트인 정상에 오르니 그곳에서 가까운 집 생각도 나고, 엄마 생각도 간절해지더라고요. 그래서 저도 모르게 집 방향으로 몸을 돌려 "엄마!" 하고 소리쳐 불렀어요. 툭, 눈물이 터졌습니다. 곁에 있던 수녀님들이 말없이 제 손을 잡아 주더군요. 수녀님들도 덩달아 집 생각이 났는지 우린 한동안 그러고 있었습니다.

아버지, 비구름이 걷힌 하늘에 반짝이는 저 별처럼 엄마의 병도 낫는 날이 오리라 믿어봅니다.

법정 수련기가 끝나고, 휴가가 주어지면 가고 싶은 곳이 있어요. 바다! 아버지와 바다에 가고 싶습니다. 끝없는 수평선에서 하늘과 바다가 만나고, 꺼지지 않는 갈망처럼 물결치는 파도… 그 파도 소리가 제게 속삭여줄 것만 같습니다.

"괜찮다, 괜찮다, 다 지나간다."

그리고 바다를 배경으로 엄마 아빠 손을 잡고 사진을 찍고 싶어요. 오래오래 기억할 수 있도록.

아버지, 감사합니다.

샛별에 기대어

딸 수녀 인숙 올림

아버지의 답장(1993. 9. 10)

찬미 예수　　　　　　　　(아버지가 붙이신 페이지 표시 단어)

일편단심

8월 말이 지나면서 극심한 삼복더위, 여름은 새벽안개처럼 사라지고 있구나. 이제 밤과 낮 기온 차가 심한 가을 들녘에는 오곡이 무르익어 가고 있어. 온갖 과일이 나오고, 코스모스가 만발한 결실의 계절이다.

　주 하느님의 부르심에 순종하여 모여든 데레사와 동기생 선후배, 모든 성소자 여러분도 오곡처럼 알찬 알곡되기를 빈다. 하느님의 사랑받는 딸들로서 만민에게 빛과 소금이 되어 주길 간절히 바라며 몇 자 안부 전한다. 인숙아.

집에는 나도 건강하지만, 엄마의 건강 또한 좋아지고 있다. 누구보다도 안정된 직장생활을 하는 요셉이 자랑스럽다. 예나 지금이나 변함없는 루시아, 군말 없이 지내는 살림꾼 막내둥이 안나. 엄마의 병마로 인해 가정 성화를 이루어 주시는 주님께 무한한 감사와 찬미 영광 드린다. 시골 큰어머니도 안녕하시고, 서울 큰댁도 별고 없고 새언니 임신 중이며, 대모님 댁도 안녕하시단다. 이 모두가 첫째, 주님의 크신 은총이고 둘째, 너의 간절한 기도의 덕이라 믿는다.

사랑한다. 인숙아.
네 질문, 아니 네가 알고자 하는 궁금증 중에 속 시원하게 답해주지 못해 안타깝구나.

이심전심

외가 집안 내력은 대충 이렇다.
주소는 강원도 김화군 근북면 율목리 3구.
외할아버지는 순흥안씨 교자, 재자이셨고, 6·25 전쟁 전에 이미 돌아가셨단다, 전쟁이 나면서 외가 식구들은 큰 고난을 겪었지. 외할머니와 이모, 큰외삼촌 두 분은 전쟁 중에 세상을 떠나셨고, 남겨진 식구들은 뿔뿔이 흩어져야 했어. 그 가운데 네 엄마와 어린 남동생은 결국 고아원 신세를 지게 되었지.

세월이 흘러 자취할 수 있을 만큼 성장하자 고아원을 나와야만 했어. 고향도 아닌 낯선 서울에서 여성으로서 삶은 더욱 막막했을 것이다. 6·25 전쟁 이후 모두가 가난하고 어려운 시대였지만, 홀로 삶을 헤쳐 나가야 했던 네 엄마는 강한 마음으로 남동생까지 돌보며 살아내야 했다.

너의 친할머니 친구분이 서울에 사는 친척 집에 갔다가 이웃에 사는 네 엄마를 알게 되었어. 그러다 이야기를 듣고 나한테 소개하게 되었지. 그리곤 결혼까지 하게 된 거란다. 이해되는지 모르겠다.

삼위일체

나의 할아버지께서는 충북 음성에서 자녀들을 키우며 사셨단다. 큰아버지는 약주를 좋아하셨지만 나의 아버지, 그러니까 너의 할아버지는 술을 거의 못 드시는 분이셨지. 자식들이 장성하여 결혼하고 자녀를 낳고 하는 동안 나의 할아버지께서 유산을 나누어 주셔서 형제가 의좋게 잘 살았단다. 그러던 중 할아버지가 돌아가시고 큰아버지가 집안을 이끌게 되었는데, 점차 살림살이가 기울면서 빚을 지게 되었어. 논도 팔고 밭도 팔고 결국 형제들이 모두 어려운 형편이 되었지. 그 소식을 들은 경기도 용인에 살던 이모님께서 "용인으로 오라"고 하셨어. 용인에서는 지게를 만들어 팔거나 나무 장사를 하면 먹고사는 것은 음성보다 용인이 낫다고 하셨거든. 그래서 1차로 어머니, 큰형님, 작은형님 세 식구가 용인으로 내려오셨고, 그다음 2차로 아버지와 누님이 합류하셨어. 그렇게 정착한 곳이 용인군 이동면 천리 적동이란다. 나는 그곳 용인에서 태어났으니 용인이 고향이지만, 조상님의 고향을 따라 '충북 음성'이 고향이라고 말하곤 한단다.

그리고 네 할머니, 즉 내 어머니는 대단한 분이셨지. 여걸 중의 여걸이셨어. 비록 학교 교육은 제대로 못 받으셨지만, 말씀 잘하시고 소리도 잘하셨어. 무엇보다 기억력이 뛰어나 한번 들은 말은 잊지 않으셨고 말이야. 지금으로 말하자면 컴퓨터, 아주 특수 컴퓨터였지. 60여 호 300명이 넘는 아이들 생일, 어르신 생일과 제삿날을 다 기억하고 계셨거든. 글을 쓸 줄 몰라도 읽을 줄은 아시기에 옛노래건 신식노래건 못 부르는 노래가 없으셨어. 어르신들도 젊은이도 여자도 남자도 다 할머니를 좋아하니, 항상 우리 집엔 오가는 사람이 많았지.

사대 교리

농한기나 겨울이면 놀러 오는 사람이 많아, 식구끼리 몰래 별식 한번 해 먹기 어려울 정도였단다. 특히 인정이 많아 남 도와주기 좋아하셨지. 늙은이나 젊은이나 남녀 누구이건 잘 곳이 없는 사람은 우리 집에 데려와서 재워주셨단다.

　잠만 재우는 것이 아니었지. 아침이 되면 뭐라도 꼭 챙겨 먹여서 보내셨고, 빈손으로 보내는 적이 없으셨어. 그러다 보니 할머니의 살림은 늘 넉넉하지 못했어. 가난하기는 했지만 그래도 마음은 항상 부자이셨지. 솔직하고 정직하게 사셨고, 남녀노소를 막론하고 불의한 일은 그냥 넘기지 못하셨다. 때로는 타이르고. 때로는 때려서라도 고쳐주셨어(요즘 같으면 큰일 날 일이지만). 또한 손재주도 참 좋으셔서 바느질 잘하시고 음식도 잘하셨지. 특히나 베 짜는 데는 따를 자 없을 정도로 빠른 분이셨다.

　다만 성품이 좀 급하셔서 욱하는 순간들이 종종 있었단다. 장미가 그렇게 아름다워도 찌르는 가시가 있잖니. 할머니도 여장부 소리를 듣던 분이지만 그런 단점이 있으셨던 거지. 명랑하고 활달하셔서 굶주리고 당장 끼닛거리가 없어도 내색 한 번 안 하고 언제나 쾌활하게 웃어넘기시던 분이셨단다. 자세한 이야기는 기회가 있으면 자세히 들려줄게.

　할 말은 많으나 글로는 다 전할 수 없어 아쉽구나.
　오늘 이만.

일기 불순한 계절에 영육 간에 건강하기를 바란다.
항상 기쁜 맘으로 살자.
오늘도 내일도, 꽃 피고 새 우는 봄이건 푹푹 찌는 여름이건 빙그레.

　오곡백과가 풍성한 가을이건 눈보라 몰아치는 겨울이건 빙그레 웃도록 하자.

　그 어떠한 괴로움이건 역경 속에서라도 빙그레.

　그래 빙그레, 그렇지 빙그레.

　마음이 즐거우면 앓던 병도 낫고, 마음속에 걱정이 있으면 뼈도 마른다. (잠언 17,22)

　마음이 편안하면 몸에 생기가 돌고, 마음이 타면 뼛속이 썩는다. (잠언 14,30)

　인숙아, 모든 근심 걱정 희로애락 주님께 맡기고,

　항상 자나 깨나 최소한 빙그레로 살자꾸나!

　사랑하는 인숙 데레사 너를 비롯해 동기생 선후배 성소자 여러분 모두 모두 영육 간에 건강을 기도하면서 이만 맺는다.

　　　　　　　　　　　　　　사랑하는 딸 인숙 데레사에게
　　　　　　　　　　　　　　　　　　　　　아버지가

　고생도 나에겐 유익한 일

그것이 당신 뜻을 알려 줍니다.
당신께서 가르치신 법이야말로
천만 금은보다 유익합니다.

(시편 119,71~72)

아버지께 보내는 편지
(2024년)

하루는 길고 30년은 짧게 느껴집니다.

아버지와 편지를 주고받던 1993년과 지금 사이에는 30년이라는 세월의 강이 흐르고 있습니다.

그 사이 엄마도 돌아가시고, 아버지도 오빠도 하늘나라에 가셨지요.

당시 법정 수련자였던 저는 첫서원과 종신서원을 했으며, 서원 25주년 은경축을 2020년에 맞이했습니다. 세월은 저 멀리 저만치 앞에서 말을 타고 달려나갑니다.

어느덧 아버지께서 선종하신 지도 10년이 훌쩍 지났네요. 하늘나라 생활은 어떠신지요?

30년이 지난 아버지의 편지들을 조심스럽게 꺼내어 다시 읽어 봅니다. 이 편지들을 정리할까, 고민했던 순간들이 있었습니다. 첫 서원 이후 자유롭게 아버지와 연락도 하고 집에 휴가도 가게 된 이후, 편지들을 태울까 했었지요. 그리고 3년 또는 5년마다 있는 소임지 이동 때마다 짐을 싸고 풀면서 고민했었습니다. 또한 종신서원, 은경축 등의 큰 행사를 앞두고 짐 정리와 주변 정리를 할 때마다 생각했습니다. 소중히 간직했던 지인들의 손편지와 정성껏 만든 축하 카드, 사진들을 태우거나 버릴 때 아버지의 편지도 정리해야 할까 망설였습니다. 일기장이나 피정 노트들도 쌓이다 보니 짐이 되어 소임 이동 때마다 정리했었으니까요.

'가난'을 살기로 약속한 수도자에게 많은 짐은 그야말로 '죄'입니다. 하지만 아버지의 편지들만큼은 매번 버릴 수 없었습니다. 때로는 너무 집착하는 것 같아 "이제는 버릴 때도 되지 않았을까?" 생각한 적도 있었지만, 결국 다시 주섬주섬 담아 소중하게 간직했습니다. 아버지가 직접 손으로 눌러쓴 흔적과 온기가 스며 있기 때문입니다. 시간을 뛰어넘어 전해지는 수녀 딸을 향한 기도와 마음이 담기고 한 가정의 역사가 실린 편지들입니다.

편지를 읽으며 간절한 아버지의 마음이 느껴집니다. 시간이 흐르면서 아버지의 편지에 담긴 사랑과 걱정이 더 깊이 와 닿습니다. 누구보다도 제가 훌륭한 수녀가 되기를 바라셨던 아버지, 그런데 저는 그렇게 되지 못한 것 같아 부끄럽습니다. 서정주 시인의 〈자화상〉 시구처럼 "세상은 가도 가도 부끄럽기만 하더라"라는 심정입니다.

어떻게 사는 것이 '훌륭한 수도자'의 모습일까요?
아버지께 질문드리면 답장을 주시던 그때처럼 아버지께 여쭈어봅니다.
어떻게 살아야 할까요?
어떻게 살아야 죽을 때 후회하지 않을지요?
아버지와 편지를 주고받던 1993년 예비 수녀 시절, 아버지께서 세상을 떠나신 2013년 그리고 지금 2024년. 그 사이 세상은 많은 것들이 변했고, 저는 변화 속에서 살아가고 있습니다. 아버지께서 살아계셨다면 '뭐라고 말씀하실까?' 생각하며, 아버지의 지난 편지들을 한 장 한 장 다시 읽어봅니다. 마치 그때의 아버지께서 지금 내 앞에 계신 것처럼 느껴지네요.

한 번의 호흡도 하느님의 은총이거늘 오직 하느님만을 믿고 지혜와 능력을 간구하며 (쟁기 잡고 뒤를 자꾸 보는 일꾼이 되지 말고) 기도하자.†

"구하면 받고 찾으면 얻고 두드리면 열린다"‡라고 하신 예수님

---

† 누구든지 쟁기에 손을 얹고 뒤를 돌아다보는 사람은 하느님 나라에 합당하지 않습니다. (루가 9,62)

말씀 믿고, 하나하나 풀자꾸나.

그리고 어찌하면 하느님이 좋아하실까, 어찌하면 만민의 어머니가 될까 노력하렴. 말로만 하는 사랑이 아니고 행동의 사랑을 실천하여 좋은 수녀, 훌륭한 수녀로 변화되길 간절히 기도하며 바란다.

부모도 동기간도 친구도 금은보화도 권력도 네 갈 길을 대신할 수 없는 것이다.

어떤 고통도 어떤 행복도 네가 혼자 갈고 닦고 할 일이니, 하느님의 종으로써 맞은바 책임을 다하여 하느님 마음에 드는 종이 되길 노력하려무나. 영육 간 건강도 주시길 간절히 원할 때 이루어 주시리라 믿는다

— (아버지의 첫 번째 편지에서 발췌)

아버지, 그렇습니다.

세상이 변해도 변하지 않는 가치들이 있지요. 수도자의 길도 그런 것 같습니다. 아버지의 말씀처럼 오직 하느님만을 믿고, 말로만 하는 사랑이 아닌 행동의 사랑을 할 수 있도록 명심하여 노력하겠습니다. '하느님 앞에 홀로 선' 수도자로서 사람들의 인정이나 사랑에 기대지 않고 주어진 책임을 다하며 묵묵히 걸어가겠습니다.

아버지는 살아생전에도, 돌아가신 후에도 제 삶의 버팀목입니

† 누구든지 청하는 이는 받고, 찾는 이는 얻고, 문을 두드리는 이에게는 열릴 것이다. (마태 7,8)

다. 30년이 지난 지금, 쉰을 훌쩍 넘은 수녀가 되었어도 여전히 저는 아버지의 편지를 손에 쥔 채 아버지의 사랑을 그리워하는 어린 딸입니다. 어떻게 살아야 할지 지금도 아버지께 묻고 있습니다.

아버지, 저도 이제 흰머리가 늘고 주름이 깊어 갑니다. 제가 쪼글쪼글한 할머니가 되어 하늘나라 가도 저를 금방 알아보시겠지요, 죽음은 인간에게 주어진 공평한 기회인 것 같습니다. 그 순간이 올 때까지 주어진 삶을 성실히 살아내고 싶습니다. 사명과 소명을 따라 살다가 하늘이 제 이름을 부르는 날, 기쁘게 응답하고 싶습니다. 미련도 후회도 남기지 않고 기꺼이 나아가고 싶습니다. 그날에 아버지, 엄마, 오빠가 저를 마중 나오시겠지요.

복효근 시인의 〈버팀목에 대하여〉라는 시를 떠올려 봅니다.

(…)
큰바람이 불어와도 나무는 눕지 않습니다.
이제는
사라진 것이 나무를 버티고 있기 때문입니다.

내가 허위허위 길 가다가
만져보면 죽은 아버지가 버팀목으로 만져지고

사라진 이웃들도 만져집니다.

언제가 누군가의 버팀목이 되기 위하여
나는 싹 틔우고 꽃피우며
살아가는지도 모릅니다.

시인의 시에서처럼, 저에게 생명을 주시고 버팀목이 되어 주신 아버지, 엄마, 오빠를 소리 내어 외쳐봅니다.
"아버지~"
"엄마~"
"오빠~"

2024년 지상에서

딸 수녀 올림

에필로그

기억과 기록은 사랑이다

시간의 흐름 속에서 삶의 조각들은 흩어지는 것처럼 느껴지지만, 그 속에서도 영원히 빛나는 것들이 있다. 기록은 종이 위에 새겨진 흔적이고, 기억은 마음 깊숙이 자리한 소중한 추억이다. 아버지의 사랑은 기록되고 기억됨으로써 더욱 선명하게 내 삶의 일부가 되었다. 기록하기 전에는 아련한 그림자처럼 희미했지만, 기억과 기록은 아버지와 나를 잇는 끈을 더욱 단단하게 엮어주었다.

2013년 10월 아버지께서 선종하시기까지의 마지막 6개월, 그리고 아버지의 빈자리를 마주하는 시간과 아버지와의 추억은 때로는 아픔으로, 때로는 따스함으로 다가왔다. 아버지의 임종과 장례를 기록하는 동안에는 하염없이 눈물을 흘렸고, 아버지의 다정했던 모습과 미처 헤아리지 못했던 숨겨진 사랑을 깨달을 때는 가슴 벅찬 감동을 느꼈다.

기억 속 아버지를 불러내어 글을 쓰는 시간은 마치 카메라에 담아둔 사진들을 한 장 한 장 인화하여 앨범을 채워가는 작업과 같았다. 그런 의미에서 이 책은 아버지와의 추억으로 가득한 특별한 앨범이다.

아버지의 삶을 기억하고 기록하는 것은 단순한 과거의 회상이 아니었다. 현재를 살아가는 힘이 되고, 미래를 향해 나아가는 빛이 되는 여정이었다. 아버지의 헌신은 과거에 갇히지 않고, 현재의 사랑으로 피어나고 미래를 밝히는 등불이 되어 내 삶을 인도할 것이다. 살아가는 동안 많은 것을 잃고 또 얻겠지만, 아버지와 함께했던 시간은 그 어떤 것과도 바꿀 수 없는 영원한 사랑의 증거이다.

"그리스도의 사랑이 우리를 다그칩니다." (2코린 5,14)

아버지에 대한 기억을 모아 책으로 엮을 수 있었던 것은 하느님 아버지께서 내 마음을 이끌어 주셨기 때문이다. 본래 표현이 서툰 내가 용기를 낼 수 있었던 것도, 막히는 문장 앞에서 홀로 애태울 때마다 대신 글을 써 주신 분도 바로 하느님이시다.

이 글을 쓰고 정리하는 동안 창밖으로는 눈이 내렸고, 꽃이 피었다 졌으며, 한여름의 열기가 낙엽이 되는 자연의 순환이 지나갔다. 그 사이 아버지는 별이 되어 다녀가시기도 했고, 썼다 지우는 문장 옆에 함께 서 계시기도 했다. 어떤 장면을 기억하다 왈칵 눈물을 쏟을 때면 어느새 다가오셔서 토닥여 주셨다. 그리고 원고를 마무리 짓던 날 밤, 내 머리맡에 찐 밤 한 알이 잘 까진 모습으로 놓여있는 꿈을 꾸었다. 아버지와의 밤 목걸이 추억처럼, 그 한 알 안에 담긴 사랑과 생명의 기운을 받으며, 나는 이제 이 이야기를 세상에 띄워 보낸다.

하느님 아버지께서 이끄시어 아버지와의 사랑을 기록한 이 책이 독자들의 마음에 작은 위로가 되기를 바란다. 때로는 드넓은 하늘이 되어 답답함을 풀어주고, 때로는 조용히 눈물을 닦아주는 손수건이 되고, 때로는 희망의 씨앗이 되어 주기를 바란다.

이 책이 노부모님을 모시는 고단한 어깨에, 아프신 부모님을 돌보는 지친 손끝에 닿아 작은 힘이 될 수 있기를 소망하며 기도를 꾹꾹 눌러 담는다.

'그러니 너무 자책하지 마세요. 어떤 마음이 올라오고 어떤 감정이 들더라도 자신을 미워하지 마세요. 부모님을 잘 챙기지 못한다고 자신을 탓하는 걸 부모님은 원하지 않으세요.'

윤동주 시인의 〈서시〉를 빌어 제 마음을 담아 보냅니다.

(…)

모든 죽어가는 것을 사랑해야지

그리고 나한테 주어진 길을 걸어가야겠다

오늘 밤에도 별이 바람에 스치운다

냉이꽃 내 아버지

지은이 | 최인숙
펴낸이 | 박영발
펴낸곳 | W미디어
등록 | 제2005-000030호
1쇄 발행 | 2025년 6월 30일
주소 | 서울 양천구 목동서로 77 현대월드타워 1905호
전화 | 02-6678-0708
E-mail | wmedia@naver.com

ISBN 979-11-89172-58-9 (03810)

값 16,800원